大展好書　好書大展

品嘗好書　冠群可期

陳式太極拳 7

零基礎學 正宗
陳氏太極拳
附 DVD

■陳斌 著

大展出版社有限公司

●陳斌在美國組織太極拳培訓活動

●陳斌在加拿大講課

●陳斌參加中國–馬來西亞–新加坡
太極群英交流活動

●陳斌與國內20多位太極名家赴韓國參加
太極拳交流

●陳斌與父親陳正雷大師和少林方丈釋永
信大師參加央視節目

●原國家體委副主任、亞洲及世界武術聯
合會主席徐才與陳斌合影

●陳斌隨焦作市政府出訪臺灣

●陳斌在英國教學

陳斌率隊爲中共中央直屬機關事務管理局表演

●陳斌在上海世博會上表演

●陳斌在西班牙教學

●陳斌帶隊參加「2006年世界傳統武術節」比賽

●日本明星水野美紀於陳正雷太極拳館
學習太極拳

●陳斌與王立群合影

●陳斌與楊洪基合影

●某年大年初一陳氏祠堂祭祖

●陳斌與濮存昕合影

●陳氏太極拳組合套路表演

推薦序一

推廣弘揚太極文化，促進文化繁榮發展

前些時，陳氏太極拳第十二代傳人陳斌找到我，要我爲他即將出版的《零基礎學正宗陳氏太極拳》寫序，作爲河南省陳氏太極拳協會名譽主席，我是一個不折不扣的太極拳愛好者和積極的宣導者，若能爲太極拳的傳承、推廣、普及盡一份力，也是一件有意義的事。

現在，社會處於一個和平、穩定、繁榮發展的時期，物質文明的快速進步也促進了精神文化生活的需求增長。人類在進步的同時也在不斷進行著反思，對和諧、自然、平靜、放鬆的生活方式要求越發迫切，傳統文化將會回歸。這也符合太極陰陽轉化之理吧！

太極拳飽含著中國文化的精髓，有儒家之正氣、佛家之和氣和道家之清氣。無論是太極拳在運動上的舒適、和緩，還是文化內涵上的中和、中庸，都無疑適合人類當前的需求。太極拳發展的中興時期應該到

來了！

在太極拳諸多流派中，陳氏太極拳是源頭，吸引著上億太極拳愛好者的關注和學習。關於如何認識陳氏太極拳、學練陳氏太極拳的書也有很多。然而，本書作者是新一代的陳氏太極拳傳人，顯然更具權威性與時代性。本書內容通俗易懂，而且開宗明義，引經據典，內容翔實；作者結合自己所學所練、所悟所得，比較紮實地為讀者介紹了各種基礎功法和訓練要旨。若按書中要求認真練習，就可以打下陳氏太極拳堅實的基礎。所以我認為本書可讀性強、操作性強。既為初學者開啟了一扇通向太極真諦的大門，又為規範陳氏太極拳的基礎教學、培養教練員提供了借鑒和指導。

太極拳是國粹，它的普及推廣，是件利國利民的好事情。我們在其傳承、普及、提高上都要下工夫，努力使國家民族之瑰寶在我們手中得以傳承，並發揚光大。繼承是基礎，沒有繼承，就沒有普及、提高。繼承就是要對傳統的東西深入研究、挖掘，不讓它丟失。在繼承的基礎上的提高，應該包含兩個方面：

一是無論在健身上，還是在技擊上，都要出高手。只有下苦功練習，掌握方法，出高手，才能體現國粹的深奧和魅力，才能進一步擴大影響。

二是在繼承的基礎上要有創新。這個創新應是紮

紮實實的，建立在長期積累的基礎上，對練習經驗的深刻認識和對練習方法的提煉，是一種厚積薄發的經驗的昇華。不是淺嘗輒止，不是浮躁，也不是胡亂出新花樣。

陳斌出身於嫡系太極世家，自幼習練家傳拳術已二十多年。他的父親陳正雷先生是當今陳氏太極拳的領軍人物之一，也是我的朋友。正雷先生爲其取名「斌」字，應該就是希望他能文武雙修，更好地傳承和發揚陳氏太極拳的技藝、文化。從陳斌的人生經歷看，應當說他很好地理解了父親的用心。他從事太極拳的實踐教學已十多年，建樹頗豐。我和他常在一起交流，無論是知識結構，還是對太極文化的認識，他都令人刮目相看。更重要的是，他對太極文化進一步的推廣普及的意志極爲堅定，有著強烈的使命感和責任感，這點很難得。這本書是個很好的開端，希望他能在這方面做出更好的成績。

最後，祝願太極拳進一步發揚光大。也希望有更多的後起之秀能在傳統文化的繼承和發展上作出新貢獻。

河南省政協常務副主席
河南省陳氏太極拳協會名譽主席　王訓智

推薦序二

少年心事當拿云

「大將南征膽氣豪，腰橫秋水雁翎刀！」

陳斌重拳出擊，閃亮登場了！他的出現讓我們眼前爲之一亮，精神爲之一振，情緒爲之一高。

一個年輕人，多年來甘於寂寞、潛心修煉、勤練苦讀、閉門深悟，不僅武功精進躍升，更透過練習當中的循規頓悟、教練之時的總結生發以及對練中的觀摩揣度，找到了自我路數，並將心得感悟記錄下來，付梓卷冊。不禁叫人感歎：士別三日，乃當刮目相看！

張愛玲曾說過：「出名要趁早。」陳斌做到了。我們在爲之歡呼之餘，也不能一味地去奉承他，更不能簡單地認爲他已滿足了我們這些親朋好友的願望。相反，在讚揚聲中，我們應當做的便是，幫他梳理奮鬥的軌跡，幫他尋繹未來的路徑，即時幫他找準定位，甚至不留情面地點醒他。因爲，他所取得的成

績，也僅僅是成功路上的一個階段性勝利；他先於同道人邁出的那一步，也僅僅是成功之路上一個小小的腳印。他還年輕，前面的路還很長。天賦異稟如他，應該追求更高的境界、更深的修爲。他不能驕傲，也不應驕傲。所以，我們不能用祝賀的美酒消磨他的意志，不能用讚美的鮮花遮蔽他的雙眼，更不能用不負責任的語言讓他飄飄然而不思進取。

陳斌是幸運的。用「根正苗紅」來形容他，可以說恰如其分：

根正。嫡宗淵遠，家傳深厚。家嚴陳正雷，武文兼備，德藝雙馨，一代大師，名滿天下。

根壯。陳斌自幼聰慧，悟性極高。中小學時代學習成績一直名列前茅，基礎紮實，曾作爲學習尖子免試保送到北京讀大學；之後到英國曼徹斯特大學繼續深造，經年苦讀，涉獵廣泛。使其西方思維方式與中國傳統思維方式和方法兼具縱向深化和橫向拓展，傳統文化的周延性縝密相融合，令他具有當今年輕人少有的思想和眼界。

雨露滋潤沃土滋養。陳正雷大師言傳身教，要求嚴格。他要求孩子學拳有章程，練功有規定，閉門深修、冬夏不輟，聞雞起舞多年如一日；還帶孩子出國開眼界、長見識，使孩子在中西文化的碰撞和融匯中有所感悟，造就了陳斌頗具意境的文筆及後來《新西

行漫記》的誕生。世家傳統塑造，中西文化浸潤，現代意識薰陶，陳斌可謂中西合璧而成的金鑲玉。

理論是實踐的總結，初學太極拳的人讀這本書，會從陳斌清新的表述方式中找到親切感，因爲這裡面避免了傳統圖書的書卷氣。本書中也集合了陳斌習武過程中的所思所想所悟及其初出茅廬時的稚嫩。相信方家內行讀這本書時，不僅能感受到陳斌對太極拳的熱愛和激情，更能透過本書體會到與作者隔空「切磋」的樂趣。

從以上意義來理解，陳斌把這本書呈送給我們，合時、合事、合宜、合眾望，善莫大焉！

是爲序，供解頤。

河南省陳氏太極拳協會副主席　王民選

武以修身，文以煉心；乃文乃武，是爲太極

文武雙修，對於中國人來講，是永遠難以割捨的情結。太極拳堪稱中華武學之巔峰。它外可強健體魄，振奮精神；内可修心練氣，完善自我。更爲可貴的是，太極拳用緩慢、柔和的形體語言，淋漓盡致地表現了我們華夏民族之根源性文化。

三十三年前，鄧小平一句「太極拳好」橫空出世！一個「好」字爲太極拳作了最完美的定義，並爲其發展勾畫出了廣闊的前景。

時至今日，太極拳愛好者已達億萬之衆，遍及全世界。他們喜愛太極拳，切身地感受著太極拳的好。作爲太極拳各派始源的陳氏太極拳，因其獨特而又完整的風格（最能體現太極拳剛柔相濟、快慢相間、動如脫兔、靜若山岳等原始特點）尤受太極拳愛好者的青睞，流傳最爲廣泛。

我自幼隨家父陳正雷學習家傳陳氏太極拳、械、

推手及拳術理論等。在祖輩的故事中、父輩的影響下受教多年，可謂近水樓臺、耳濡目染。不敢以「門裡出身」自詡，但較多數同好而言，我不得不感歎一下自己的幸運：在父親的言傳身教、前輩兄長們的諄諄教導下，我二十多年的學拳練拳過程中從未有過任何不適症狀（用藝術門類通用語言說，就是基本上沒走過彎路）。經年累月，拳藝及其相關理論也小有心得感悟。

近年來，我主要從事陳氏太極拳的教學實踐、組織參與教練培養等工作，不經意間，自己的太極足跡也遍佈了全國二十多個省份及世界十餘個國家。時日愈久，經歷愈多，一個現實形勢便越來越強烈地擺在了我們眼前：面對洶湧澎湃的太極熱潮，我們傳統的

太極拳是中國的一種優秀傳統文化，內涵十分丰富，充滿哲理，與中國傳統醫學有著血緣關系。學練太極拳是一項很好的健身運動，可以強身健體，可以防身自衛，也可以陶冶情操，是一種美的享受，還可以給讓人們生活帶來無限情趣和幸福，可以延年益壽。

——周恩來先生一九五八年在北京體育學院
會見日本松村謙三時的談話

凡能做到的，都要提倡，做體操，打球類，跑跑步，爬山，打太極拳及各種各色的體育運動。

——毛澤東

「言傳身教」「師傅帶徒弟」式的教學方式顯得是如此的渺小和滯後；面對成萬上億並仍在快速增長的龐大的太極拳練習群體，我們的太極拳教練隊伍顯得是如此的單薄且無序。

在自身使命感的驅使和父輩師長及師兄弟姐妹們的不斷鼓勵下，我總覺得我應該做點什麼。然而，世事知易行難，苦思良久，仍不知從何下手。

某日，一師兄聽完我講課，拉著我的手敘談：「斌啊，你真應該把你自己從小至今的習拳經歷、練拳體會、教學心得等好好整理一下，出本書或公佈一下。你想啊，太極拳方面，像你這樣的背景、自身條件和經歷經驗等方面的人能有幾個？你是身處廬山不知道啊，就你這些東西，哪怕簡單一整理，對絕大多數的太極拳愛好者來說，都有著極高的借鑒價值啊！」真是一語驚醒夢中人！

時隔不久，逢遼寧科學技術出版社與深圳靈智偉業文化傳播有限公司尋找新一代的太極拳傳承人合作出版一批適應當代都市人群的太極拳科普類書籍，機緣巧合，他們找到了我。彼此一拍即

合，定下《零基礎學正宗陳氏太極拳》《正宗陳氏太極拳實戰絕技》《正宗陳氏太極拳養生功》等書的出版計畫。

但果真動手，內心卻始終忐忑不安，感覺自己才疏學淺，怕力不從心。然事已至此，只好硬著頭皮，逐步推進。慶幸的是，在此過程中，得到了河南陳正雷太極文化有限公司的大力支持，得到了父親陳正雷先生、母親路麗麗女士、家姐陳娟、家妹陳媛媛、河南省政協王訓智副主席、河南省陳氏太極拳協會王民選副主席等眾多親朋好友的熱心幫助，圖片及視頻拍攝中又有弟子任收、王小坡、韓靜等人協助。出版在即，在此深表謝意！

人云：人生在於感悟。而感悟得自於經歷。感謝這段人生經歷！

是為序。

陳斌
於鄭州

目錄

第一章

溯本追源，瞭解太極拳

以柔克剛、借力打力、四兩撥千斤。

江湖中流傳著各種關於太極拳的傳奇故事。

太極拳在歷經數百年歷史的洗禮後，

被評為世界非物質文化遺產。

它為何有如此魅力？

海納百川、生生不息。

太極拳以其博大精深的理論與實效，

吸引了越來越多的愛好者。

但有些人練拳多年，卻收穫甚微。

究其原因：練拳不明其理。

學習太極拳也應該像學習其他科學一樣，

先明其理，後精其技。

第一節 太極拳的起源、發展及演變

「太極生兩儀，兩儀生四象，四象生八卦。」可能大家都知道有這樣一句話，但它究竟源自何處？太極拳為什麼要叫做太極拳？鄧小平曾經題詞：「太極拳好」。它究竟好在哪裡？太極拳為什麼會成為世界上參與人數最多的「第一健身運動」？

（一）關於太極

「太極」一詞，最早出現在我國的古老典籍《易經》中。《易經・繫辭》曰：「易有太極，始生兩儀，兩儀生四象，四象生八卦。」其中所說的太極是指天地未開，一片混沌的狀態。兩儀則是陰陽二儀。把它說得通俗一點兒就是在這宇宙萬物之中，任何事物都有其兩面性，它們相互依存、相互鬥爭。

●陳家溝太極兩儀堂

這是物質世界的一般規律，也是事物產生與毀滅的根由所在。天地之道，以陰陽二氣造化萬物。天地、日月、雷電、風雨、四時、子前午後、雄雌、剛柔、動靜、顯斂，萬事萬物，莫不分陰陽。人生之理，以陰陽二氣長養百骸。經絡、骨肉、腹背、五臟、六腑，乃至七損八益，一身之內，莫不合陰陽之理。陰陽理論已存在了兩三千年，適用於萬象。

（二）關於陳氏太極拳的起源

陳氏太極拳發源於河南省溫縣陳家溝。

陳家溝位於溫縣城東的青峰嶺上，600年前叫常陽村。據溫縣縣誌記載：「明洪武初年，元鐵木耳守懷慶（懷慶府管轄八縣，溫縣在內），明兵久攻不下，急於統一天下。太祖遷怒於民，大加屠戮，時溫民死者甚多……」相傳有三洗懷慶之言。人煙幾絕，乃遷民填補，屯田墾荒。十有八九由山西洪洞遷來，當地至今尚有「問我祖先何處來，山西洪洞大槐樹」的說法。

陳氏始祖陳卜，原籍山西澤州郡（今晉城），後來由澤州遷居山西洪洞

●太極聖地陳家溝

縣。明洪武 7 年（1374 年），遷居河南懷慶府（今沁陽）。因陳卜為人忠厚，精通拳械，為近鄰鄉民所敬重，故將其居住的地方命名為「陳卜莊」（解放後，陳卜莊併歸溫縣，至今仍名為「陳卜莊」）。

後因陳卜莊地勢低窪，常受澇災，先祖又遷居溫縣城東十里的常陽村。村中有一條南北走向的深溝，隨著陳氏人丁繁衍，常陽村易名為「陳家溝」。

始祖陳卜居溫縣後，為奠定家業基礎，偏重於墾種興建。先是六世同居，再是七世分家，興家立業，人繁家盛。為保衛桑梓，地方得安，先祖在村中設武學社，教授子孫。1711 年，陳氏十世祖陳庚為陳卜立碑，簡單記述了陳卜生平。關於拳藝、人物、事蹟的文字記載，是從陳氏九世祖陳王廷開始的。

據溫縣縣誌和陳氏家譜記載：「陳王廷在明末拳術已著名。於拳術更加研究，又多所心得，代代相傳，成為獨特之秘。」

陳王廷（1600-1680），字奏庭，明末清初人，文武兼優，精於拳械，功夫深厚，在河南、山東一帶很有聲望。他曾在山東掃蕩群匪，賊聞名不敢逼近。因當時社會動盪，久不得志。他在年老隱居期間，依據祖傳的拳術，博採眾家之精華，結合太極陰陽之理，參考中醫經絡學說及導引、吐納之術，創造了一套陰陽相合、剛柔並濟的拳法。因其主要理論依據為太極陰陽之理，且符合大自然運轉規律和人體的生理規律，故定名為「太極拳」。

正如《拳譜》云：「運動之功夫，先化勁為柔，然後

練柔成剛，及其至也，亦柔亦剛。剛柔得中，方見陰陽。故此拳不可以剛名，亦不可以柔名，直以太極之名名之。」

●陳王廷創拳

陳王廷傳授下來的有一至五路太極拳、炮捶一路、長拳108勢、雙人推手和刀、槍、劍、棍、鐧、雙人黏槍等器械的練習方法。其中雙人推手和雙人黏槍，更具前所未有的獨特風格。

陳王廷的著作因年代久遠，多遭散失，現尚存《拳經總歌》和《長短句》詞一首。

《長短句》曰：「歎當年，披堅執銳，掃蕩群氛，幾次顛險。蒙恩賜，枉徒然，到如今，年老殘喘，只落得《黃庭》一卷隨身伴。閑來時造拳，忙來時耕田，教下些弟子兒孫，成龍成虎任方便。欠官糧早完，要私錢即還，驕諂勿用，忍讓為先。人人道我憨，人人道我癲。常洗耳，不彈冠。笑煞那萬戶諸侯，兢兢業業，不如俺心中常舒泰。名利總不貪，參透機關，識破邯鄲。陶情於魚水，盤桓於山川。興也無干，廢也無干。若得個世境安康、恬淡如常，不忮不求，聽其自然。哪管它世態炎涼，權衡相參。成也無關，敗也無關。不是神仙，誰是神仙？」

（三）關於太極拳發源地

不可否認，太極拳發源地是個熱門而又敏感的話題，但客觀的歷史事實還是留下了一條相對清晰的脈絡。

因為太極拳是從封建社會中生長和發展起來的，所以不可避免地被蒙上了一層塵垢。在封建社會中，對一些來自民間並受到大眾歡迎的事物，統治階級透過他們自己的士大夫和御用文人，故意將這些事物塗上一層幽玄的神色彩，假託「仙」、「佛」、「聖賢」等所創造之名，將其神化起來，以達到麻醉人民意志和鞏固封建統治的目的。因此，在歷史上對太極拳的創始人，也就有了各種牽強附會的臆說，眾說紛紜，莫衷一是。

如有人說太極拳創始於元末明初的張三豐，有人說創始於唐代的許宣平，還有人認為陳家溝的太極拳系得於蔣發，而蔣發又得於王宗岳，又說太極拳即內家拳等（其中，尤以武當張三豐創拳之說為最盛。我們不得不驚歎武俠小說和影視作品的巨大影響力）。

但是，經過一系列的歷史考證和對材料的實地核對之後，初步證實太極拳創始於陳王廷。

首次對太極拳起源提出質疑的，是直接求學於陳家溝的楊露禪和武禹襄。最早在書稿中出現的與太極拳起源相關的歷史人物，是明代尊為內家拳傳人的張三豐，始見於1867年李亦畬（1832-1892）初稿《太極拳譜》。

李亦畬是武禹襄的徒弟。「太極拳始創於明代張三豐」一語出現在1867年《太極拳譜》初稿之後，受到了當

時還健在的楊露禪和武禹襄的質疑，而作者李亦畬自己也感到此說並無依據，因此，在修訂《太極拳譜》時將此語改為：「太極拳不知是始創於何人」，並以李亦畬手訂落款，告知讀者以此為準。

李亦畬為什麼要這樣記載發源地的問題呢？有兩個原因：一是當時的楊露禪已經到宮廷裡教拳，若說他的拳學自陳家溝這個小山村，恐怕沒有面子。二是明代張三豐是內家拳的始祖，掛靠在他這裡不但有面子，還能讓人信服。再說了，這本《太極拳譜》就像現在的博客一樣，我自己的日記，想怎麼寫就怎麼寫。

1867年，張三豐創拳之說已被楊露禪和武禹襄否定。然而，那時的陳家溝還很閉塞，陳家溝人對於此事的始末竟還渾然不覺。

1927年，時任中央國術館副館長的陳泮嶺到陳家溝學習、考察和研究太極拳，後於1963年在臺灣出版了《中華國術太極拳教材》，在序中寫道：太極拳之盛行於國內者，有楊家、吳家和郝家。吳家太極出自於楊家，郝家太極出自於武家，楊家與武家之太極皆由河南溫縣陳家溝所傳授，故陳家溝實為太極拳的發源地。

1929年，為了弄清楚太極拳的發源和演變，曾任國民政府中央國術館編審處處長、全國武術名宿、中國武術史學家唐豪先生三赴山西，三上武當山，參考了25種太極拳資料和府縣誌，並分別於1929年、1931年、1933年三下陳家溝考察太極拳的源流，寫下了《太極拳源流考》一書。1964年，他又與武術名家顧留馨先生合著《太極拳研究》

一書，對原來的結論進行了更全面的考證，用翔實的史料佐證和判定陳家溝為太極拳的發源地。

1986 年，中國武術研究院在北京成立，第一個研究課題就是考證太極拳的發源地。於是，當代的中國武術史學家康戈武先生對太極拳進行了長達二十多年的考證、梳理。進入 21 世紀以來，鑒於太極

●陳家溝太極拳發源地掛牌儀式一

●陳家溝太極拳發源地掛牌儀式二

拳在世界範圍內日益增長的影響力，國家相關部門也對此問題越發重視。國家體育總局、文化部、文聯、中國民間文藝家協會等部門相繼組織有關專家、學者進行了長時間的考察調研和深入、系統的挖掘整理……

2007 年 8 月 21 日中午 12 點整，國家體育總局原副局長馮建中，國際武術聯合會副主席、美國武術聯合會副主席吳廷貴，國家武術運動管理中心原黨委書記何青龍以及來自世界各地的上萬名太極拳愛好者來到陳家溝，見證了授牌儀式——「河南溫縣陳家溝為中國太極拳發源地」，並將一塊金黃色的牌匾亮堂堂地掛進了陳家溝的祖祠裡。在

此之前，文化部及相關部門就已經將「中國太極拳文化發源地」和「中國太極拳文化研究基地」等牌匾掛在了陳家溝。從此，關於太極拳發源地之考證塵埃落定！

（四）關於陳氏太極拳的傳承

自陳王廷（1600-1680，陳氏九世祖）創拳之後，太極拳在陳氏家族內部歷經了上百年的傳承。至十四世陳長興（1771-1853）時，其在祖傳老架套路的基礎上將太極拳套路由博歸約、精煉歸納，創造性地發展成為現在的陳氏太極拳一路、二路（又名「炮捶」），後人稱其為太極拳「老架」或「大架」。

●陳王廷

長興公以保鏢為業，走鏢山東，在武術界享有盛名。他在戲臺前看戲，站立在千百人中（當時農村演戲，身強力壯者擠在台前，無座位），無論眾人如何推、揎、拉、擠，腳步絲毫不動，凡近其身者，如水觸石，不抗自頹，時人稱為「牌位大王」。

陳長興之子陳耕耘拳藝精奧，繼續走鏢山東，歷時十餘年，所經之處匪盜斂跡，魯人立碑敘其事以為紀念。耕耘之子延年、延熙均為太極拳名師。

長興公先後著有《太極拳十大要論》、《太極拳用武要言》、《太極拳戰鬥篇》等，均為太極拳理論學習和研

●陳長興

究的重要史料。長興公文武俱佳，造詣精深，實乃太極拳史上里程碑式的一代宗師。不僅自身極具創新精神，且敢為人先，打破傳統門規，收外姓弟子楊露禪並傾心栽培，育其成才。由此，太極拳的發展徹底改變了原有的家族模式，展開了新的篇章。

十四世陳有本，在原有套路的基礎上又稍作改動，逐漸捨棄了某些高難度動作和發勁動作，使拳術動作更加柔和自然、儒雅瀟灑、收蓄兼併，後人稱為「新架」（也稱小架）。

十五世陳清平，移居於趙堡鎮（距陳家溝幾里之遙），在那裡練拳。他在原套路上再進行改進創新，形成了小巧緊湊、逐步加圈、由簡到繁的練習套路。他是太極拳歷史上又一里程碑式的人物，其所授高徒後來均開枝散葉，另成一派，如武禹襄（武氏太極拳創始人）、和兆元（和氏太極拳創始人）、李景延（趙堡太極忽雷架太極拳創始人）等。

十六世陳鑫（1849-1929），字品三。此前，陳氏拳術歷代均以口傳為主，文字著作很少。為闡發祖傳太極拳學說，陳鑫遂發憤著書立說，用12年的時間寫成《陳氏太極拳圖畫講義》四卷。該書圖文並茂，以易理說拳理，引證經絡學說；以纏絲勁為核心，以內勁為統馭，精樸悉陳，顯微闡幽，為拳壇理學之豐碑，武林修學之經典。他還著有《陳氏家乘》、《三三六拳譜》等著作。

十七世陳發科（1887-1957），字福生，是近代陳氏太極拳的代表人物，對發展和傳播太極拳作出了傑出的貢

獻。1929-1957年，陳發科一直在北京教授拳術。其拳法剛柔相濟，採、挒、肘、靠、拿、跌、擲、打兼施並用，技擊技術極好，與人交手時以得人為準，以不見形為妙的高超擊法將人跌出。因其為人忠厚、武德高尚，受到各界人士的歡迎。所教授徒弟很多，有沈家楨、顧留馨、洪均生、田秀臣、雷慕尼、馮志強、李經梧、肖慶林等。其子照旭、照奎，女豫霞，拳藝亦很好。

●陳發科

十八世陳照奎（1928-1981），陳發科先生的幼子。四歲隨父赴北京，七歲從父學習家傳拳術。他學拳刻苦，拳走低架，胸腰折疊，手法多變；拳架中正、流暢，精於閃、戰、彈、抖；推手及擒拿功夫均達到出神入化的境界。

●陳照奎

自20世紀60年代開始，其先後在北京、上海、南京、鄭州、石家莊、焦作等地教拳，主要傳授其父晚年所定83式新架套路，先後培養出陳正雷、陳小旺、王西安、朱天才（此四人為陳照奎自陳照丕去世後，接過接力棒培養出的陳家溝後輩子侄中的代表人物）、陳瑜（其獨子，現居北京）、張志俊、馬虹等著名弟子，為推廣、普及太極拳作出了巨大貢獻。

●陳照丕

十八世陳照丕（1873-1972），字績甫。1928年秋，北平（現在的北京）同仁堂東家樂佑申和樂篤同兄弟二人慕陳氏太極拳之名，托河南沁陽杜盛興到陳家溝聘請拳師，族人公推陳照丕前往。到北平後，有同鄉李敬莊（慶臨）為其在《北平晚報》（1928年10月）登載宣傳：「我國提倡武術，其目的在於強種衛國，自衛禦敵，收復失地。」

陳照丕理論造詣極深，積數十年之經驗，著有《陳氏太極拳匯宗》、《太極拳入門》、《陳氏太極拳圖解》、《陳氏太極拳理論十三篇》等書。他所授弟子的代表有陳小旺、陳正雷、王西安、朱天才等。他品德高尚，誨人不倦，對推廣陳氏太極拳作出了巨大貢獻，深受國內外各界人士的推崇，為陳氏太極拳承前啟後、繼往開來的一代宗師。

現陳家溝所練的拳術套路有老架一、二路（炮捶），新架一、二路（炮捶），小架一、二路，五種推手法。器械有太極單刀、雙刀、單劍、雙劍、雙鐧、梨花槍夾白猿棍、春秋大刀、三杆、八杆、十三杆等。這些套路技法，從風格上、技擊應用上，仍基本保持著原有的傳統風格。

（五）關於太極拳的流派

在楊露禪、武禹襄等分別赴陳家溝拜師學藝後，陳家溝的太極拳迅速從家族式的民俗文化上升至了宮廷文化和健身文化，並在清末至民國期間，逐步發展演變出楊、吳、武、孫等幾大流派。其中，楊派對太極拳的傳播推廣起到了重要的橋樑作用，以至民國時期的武術詩人楊季子曾寫

過這樣的詩句：「誰料豫北陳家拳，卻賴冀南楊家傳。」

楊氏太極拳始祖楊露禪是河北永年人氏，他師出陳長興，並與其子楊健侯、其孫楊澄甫等人在陳氏太極拳的基礎上，創編發展了「楊氏太極拳」。

楊露禪在清宮王府教拳時，滿族人全佑從學於楊，後又從學於其子楊班侯。全佑傳其子鑒泉，後鑒泉從漢姓為吳。他特將楊氏太極拳修改定型，自成一家，發展為「吳氏太極拳」。

清末河北永年人武禹襄在楊露禪從陳家溝返鄉後，深愛其術，向楊露禪學習陳氏老架太極拳，後又從陳清平處學習趙堡架，然後結合自身的創意與想法，創編了「武氏太極拳」。

河北完縣人（現在的河北保定順平縣）孫祿堂，起初拜師學習形意拳，繼而又習得八卦掌，最後學習太極拳。學有所成之後，他參合八卦、形意、太極三家拳術的精義，融合一體創編出「孫氏太極拳」。

楊氏太極拳

楊福魁（1799-1871），字露禪，河北永年人。當時，陳家溝人陳德瑚在永年開中藥鋪，楊在藥鋪學徒。陳見楊為人勤謹可靠，便帶楊回陳家溝家中做些雜活。適逢陳長興借陳德瑚家傳授武學，教後人習拳舞械。

楊到陳家溝之後，受當地練拳之風的影響，常偷看陳長興教拳，然後模仿練習。功夫不負有心人，一段時間後，太極拳法竟被他學得八九不離十，後被陳長興發現，

楊觸犯了偷師大忌，理應處死，但陳長興見楊聰明伶俐，為人忠誠老實，又喜愛拳術，遂與陳德瑚商量後，收為徒弟，傳授太極拳。

楊練拳極下工夫，夜裡練拳疲困之時，僅在長板凳上打盹。這種長凳很窄，睡著很快就會跌下來，醒後繼續再練。如是者七年之久，拳乃練成。經老師與東家同意後，楊露禪裝卷歸里，離開陳家溝（後又兩次拜訪陳家，前後歷時十八年之久）。

●楊氏太極拳創拳為楊氏，傳外姓後又稱楊式，此碑為後人所立，故碑文為楊式。

楊露禪回家後，經親友推薦到北京教拳，打敗許多名手，名聲大振，當時武術界均稱之「楊無敵」。後到清宮王府教拳，因習拳的都是些貴族子弟，為了適應他們嬌嫩體質的需要，便將陳氏太極拳套路中的纏絲勁及躥蹦跳躍等難度較大的動作做了些改動，使其姿勢較為簡化，動作柔和，不縱不跳，後經其三子健侯修訂成中架子，後再經其孫澄甫修訂定型為目前廣為流行的楊氏太極拳。

其特點是：拳架舒展、動作和順，姿勢柔軟，要求綿裡藏針。楊澄甫（1883-1936）著有《太極拳使用法》、《太極拳體用全書》，曾在北京、上海、廣州等地傳拳授藝，弟子眾多，是楊氏太極拳一代宗師。

吳氏太極拳

吳氏太極拳亦稱「吳家太極拳」（吳氏家族對其的稱呼）或「吳氏太極拳」，主要從楊氏太極拳的拳式發展創新而成。楊氏太極拳原有大架和小架之分，吳氏太極拳是在楊氏小架拳式基礎上逐步修訂而成的。

吳鑑泉（1870-1942），滿族，河北大興縣人，本名烏佳哈拉‧愛紳，中華民國成立

●吳氏太極拳創拳爲吳氏，傳外姓後又稱吳式，此碑爲後人所立，故碑文爲吳式。

後隨漢人習俗，改漢姓「吳」（以「吳」與「烏」諧音），河北省大興縣人，自幼從其父全佑學太極拳。全佑（1834-1902）在北京從楊露禪學拳。

許禹生在《太極拳勢圖解》裡寫道：「當露禪先生充旗營教師時，得其真傳蓋三人：萬春、凌山、全佑是也；一勁剛、一善發人、一善柔化；或謂三人各得先生之一體，有筋骨皮之分。」

全佑任端王府（載漪）侍衛時，先學楊露禪的大架，後又學楊班侯初改的小架並將二者互相吸收融化。傳至其子吳鑑泉時，又經數十年的融合發展，遂形成一種以柔化見長的緊湊、細膩的拳術，即吳氏太極拳。

吳氏太極拳以柔化著稱，動作輕鬆自然，嚴密細膩，

連續不斷，拳式小巧靈活，守靜而不妄動。拳架由開展而緊湊，緊湊中不顯拘謹。

武氏太極拳

武禹襄（1812–1880），名河清，字禹襄，河北省永年縣廣府鎮東街人氏，清朝秀才。雖出身書香門第、官宦之家，但他淡泊功名，歸隱於家鄉教本族和鄰居孩童讀書，並以習武為樂。

●武氏太極拳創拳為武氏，傳外姓後又稱武式，此碑為後人所立，故碑文為武式。

當時，陳家溝陳氏族人在永年縣做生意，租用的是武禹襄家的房產。武禹襄見陳氏族人練習一種高明的拳術，非常喜愛，但礙於自己身份，不便直接去拜師學藝，於是委託同鄉好友楊露禪赴陳家溝，拜陳長興為師學藝，回來後共同研討，自己則出資供養楊露禪全家。

楊露禪先後三次赴陳家溝學藝，每次回來都將所學與武禹襄分享探討，最終武禹襄還是不滿足於楊露禪所學，遂親赴陳家溝請教。

當時陳長興已年邁，介紹他去陳清平處學拳。陳清平傾囊相授，武禹襄亦加倍努力，日夜研習，理法盡通。後來，他將自身所習各派武術融合起來，創立了一種新型的太極拳術，即武氏太極拳。

武氏太極拳的特點是身法嚴謹，姿勢緊湊，動作舒緩，步法嚴格，虛實分明，胸部、腹部的進退旋轉始終保持中正，用動作的虛實轉換和「內氣潛轉」來支配外形，左右手各管半個身體，出手不過足尖。

孫氏太極拳

孫祿堂（1860-1933），名福全，字祿堂，晚號涵齋，別號活猴，河北望都縣東任疃

●孫氏太極拳創拳爲孫氏，傳外姓後又稱孫式，此碑爲後人所立，故碑文爲孫式。

村人氏，清末民初蜚聲海內外的著名武學大家，堪稱一代宗師，在近代武林中素有「虎頭少保」、「天下第一手」之稱。

孫祿堂從小就酷愛武術，早年隨形意拳大師郭雲深學習形意拳，後從八卦掌大師董海川弟子程廷華學藝，盡得八卦掌精髓。而後，因為照顧病中的武禹襄傳人郝為真，蒙其傳授太極拳學。孫祿堂將三家之學合而為一，融會貫通，創立了孫氏太極拳。

孫氏太極拳的特點是進退相隨，舒展圓活，動作靈活，轉變方向時多以開合相接，故被稱為「開合活步太極拳」。又因內含八卦掌千變萬化的特色，故也稱為「八卦太極拳」。

和氏太極拳

和氏太極拳始創於清末，由河南溫縣趙堡鎮太極拳名家和兆元（1810-1890）創立，因地名因素亦被稱為「趙堡太極拳」。

和兆元師承陳氏第十五世陳清平，和氏太極拳實際就是在陳氏太極拳架的基礎上演化發展而成的一種套路。

和氏太極拳架輕靈圓活，動作舒展大方，銜接緊湊，套

●和氏太極拳創拳爲和氏，傳外姓後又稱和式，此碑爲後人所立，故碑文爲和式。

路貫穿。演練時，步活圈圓，環環相扣，無明顯發力動作。在掌握套路後，即逐步化圓爲圈、由簡到繁。此拳法在走技方面擅長拿、跌、擲、打、靠諸藝，又有各種擒拿與反擒拿動作融於套路中。

第二節　陳氏太極拳的特點

陳氏太極拳保留了最古老的太極拳樣式，自然具有獨特的拳法特點。學拳先明理。只有在拳法練習開始前明白其拳理，才能在後續的練習中獲得更好的效果。現在，就讓我們一起來看看陳氏太極拳的六大特點。

（一）外似處女，内似金剛

中華武術，門派繁多，僅拳術就有幾百種。各門派都有其獨到之處，歸納起來，不外乎内、外兩家。

外家拳多以拳打腳踢為主，竄蹦跳躍，騰挪閃戰，攻防含義較為明顯，讓人一看便知是武術。陳氏太極拳則別具特色：以意導氣，以氣運身；內氣不動，外形寂然不動，內氣一動，外形隨氣而動；以內氣催動外形，上下相隨，連綿不斷，以腰為軸，節節貫串，不丟不頂，圓轉自如，輕輕運轉，默默停止。

陳氏太極拳攻防含義大多隱於內而不顯於外，往往使人誤認為此拳像摸魚一樣，不是武術。特別是老架一路，以柔為主，要求周身放鬆，不用僵力，主要是鍛鍊下盤功夫，使足下生根，轉髖靈活，輸通氣血，練就充足的內氣，意到氣到，氣到勁到，立身中正，八面支撐使身體內外各部建起鞏固的防

●陳氏太極拳靜態呈現

●陳氏太極拳發勁瞬間

線，形成一身備五弓的蓄發之勢。這樣，不遇敵則已，若遇勁敵，則內勁猝發，如迅雷烈風。故外似處女，內似金剛，此為陳氏太極拳的一大特點。

（二）螺旋纏繞的運氣方法

大家見過頭頂碎磚、脖纏鋼筋等，這是硬氣功的運氣方法。內氣運到頭頂上，頭便能將磚碰碎；運到脖頸上，便能將鋼筋纏繞起來。

陳氏太極拳結合力學和經絡學理論，採用螺旋纏繞的運氣方法，以小力勝大力，以弱力勝強力。好像用一個小小的千斤頂，就如同將載重幾噸貨物的汽車頂起來一樣。所謂太極拳的蓄發相變、引勁落空、借力打人、以四兩撥千斤，皆是螺旋勁所起的作用。故《拳論》道：「虛籠詐

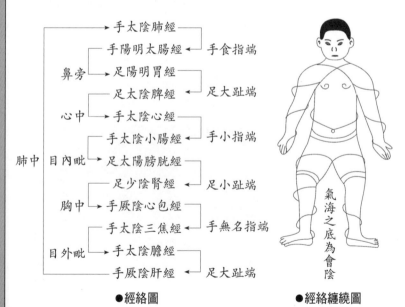

●經絡圖　　　　　●經絡纏繞圖

誘，只為一轉。」

從經絡學上來講，經絡是指佈滿人體的氣血通路，源於臟腑，流於肢體，臟腑經絡氣血失和，則神機反常而生疾病，和則氣血流暢而強身延年。

太極拳結合經絡學說，以拳術與導引、吐納為表裡，拳勢動作採用螺旋纏絲式的伸縮旋轉，要求「以意導氣、以氣運身」，「氣宜鼓蕩、氣遍身軀」。

內氣發源於丹田，以腰為軸，節節貫串，微微旋轉使腰隙（兩腎）左右軸換，透過旋腰轉脊，纏繞運動，布於全身；通任、督兩脈，上行為旋腕轉膀，下行為旋踝轉膝，達於四梢，復歸丹田，動作呈弧形，圓活連貫。一招一式，承上啟下，一氣呵成，導致氣血循環，此為運勁（即運氣），它區別於用勁。

這種系統的運氣方法是符合經絡學說的道理，也是其他拳法和體育運動所少有的。

（三）武術與導引、吐納相結合

導引和吐納是我國源遠流長的養身術，早在西元前幾百年的《老子》、《孟子》等著作中就已有記載。漢初淮南子劉安編就成《六禽戲》。漢末著名醫學家華佗又將其改為《五禽戲》，他模仿禽獸的動、搖、屈伸、仰俯、顧盼、跳躍等動作，並結合呼吸運動，用於治病保健鍛鍊，是後來氣功和內行功的先導，也是道家養生學的基礎。

陳氏太極拳將導引、吐納術和手、眼、身法、步法的協調動作有機地結合起來，使其成為內外兼修的內功拳運

●華佗五禽戲

動，不僅能對強身健體起到良好的作用，在提高拳術的搏擊技巧方面更是一個創造性的發展。

（四）陳氏太極拳的剛柔相濟

剛和柔，兩者是相互對立的。然而，陳氏太極拳把剛勁與柔勁揉和在整個套路中，一招一勢剛中寓柔，柔中帶剛，剛柔相濟。

《拳譜》規定：「運動之功夫，先化勁為柔，然後練柔成剛，及其至也，亦柔亦剛。剛柔得中，方見陰陽。故此拳不可以剛名，亦不可以柔名，直以太極之名名之。」為什麼太極拳的勁力要以剛柔相濟為準呢？因有剛而無柔的勁缺乏韌性，易折易損，看似熱鬧，實則花拳繡腿，沒有技擊格鬥的實用價值；只有柔而無剛的勁因失去爆發力也無濟實用，正如多數年輕人對公園廣場上那些老大爺老奶奶們撈魚摸蝦、分西瓜的「太極操」的印象。

故《拳論》指出：「然剛柔既分，而發用有別，四肢發勁，氣形諸外，而內持靜重，剛勢也；氣屯於內而外現輕和，柔勢也。用剛不可無柔，無柔則環繞不速；用柔不可無剛，無剛則催迫不捷。剛柔相濟，則黏、游、連、

隨、騰、閃、折、空、掤、攦、擠、按無不得其自然矣。剛柔不可偏用，用武豈可忽耶！」

剛和柔的變換，從神與氣上來講，是由隱與顯表現出來的，隱則為柔，顯則為剛。從姿勢上來講，是由開與合表現出來的，合則為柔，開則為剛（即蓄則為柔，發則為剛）。在運勁過程中表現為柔，在運動到落點時表現為剛。這是因為落點是運動到達盡頭之點，是神顯與氣聚之處，所以表現為剛。運氣轉換過程則宜用柔法。

陳氏太極拳的每個動作都有開有合，每個開合動作都有運勁、有落點，落點要用剛勁，其他都用柔勁，這是做到剛柔相濟必須掌握的原則，也是練習避實擊虛，蓄而後發，引進落空，鬆活彈抖的基礎。

（五）意識、呼吸、動作三者之間密切結合

陳氏太極拳是內外兼修的內家拳術，內家拳的動作都是在意識的引導下進行的。意，即心意、意識。陳鑫《拳論》說：「打拳心為主」，「妙機本是從心發」，「運用在心，此是真訣」，「以心為主，而五官百骸無不聽命」。

問：何為運行之主宰？

曰：主宰於心，心欲左

●陳氏太極拳內息

右更迭運行，則左右手足即更迭運行；心欲用纏絲勁順轉圈，則左右手即用纏絲勁順轉圈；心欲沉肘壓肩，肘即沉、肩即壓；心欲胸腹前合，腰勁塌下，襠口開圓，則胸向前合，腰勁剎下，襠口開圓，無不如意；心欲屈兩膝，兩膝即屈，右足隨右手運行，左足隨左手運行，兩膝與左右足皆隨之，不然多生疵累，此官骸不得不從乎心也。吾故曰：心為一身運行之主宰。以上所言，即是心意與動作的關係。

上述拳論用我們現代語言來講，就是說內家拳的練習中，用勁的不是肌肉骨骼，不是胳膊腿，而主要在心意。一定要做到思想清淨、意念集中，用心念、意識來指揮身體的動作表現。說白了，就是你心裡想的是，動作自然就會做成啥樣子。

比如說鬆肩沉肘、立身中正、屈膝鬆胯等基本要求，你在練習任何動作、功法或套路時，都應該從思想意識上緊守不丟，從而才能在外部動作中表現出來。反之，只要思想意識稍一鬆懈，就難免出現挑肩架肘、前俯後仰、頂跨栽膝等毛病。

《拳論》又云：「打拳以調養氣血，呼吸順其自然……調息綿綿，操固內守，注意玄關……輕輕運行，默默停止，唯以意思運行。」

由此可知，意識、呼吸和動作三者之間的密切關係。在走架子時，一舉一動都是在意的指揮下，將手、眼、身法、步法的協調動作和呼吸有機地結合起來，開呼蓄吸，順其自然，心意不可使氣，輕輕運轉，成為內外統一的內功拳運動。

（六）實戰性的競技運動：雙人推手和
　　　雙人黏槍

　　武術自古以來就有踢、打、摔、拿、跌五種練習法，其中摔法只講摔，不講打，幾千年來一直獨立發展；其他四種雖也綜合鍛鍊，但仍各具特色。古代有「南拳北腿」、「長拳短打」之稱，正說明了這種分歧。

　　與戚繼光同時代的名手，如山東的「李半天」之腿，「鷹爪王」之拿，「千跌張」之跌，「張伯敬」之打等，都各具一技之長。

　　同時，由於踢、打、拿、跌四法在實踐中有較強的傷害性，因此，歷來大多只做假想性或象徵性的練習，這就為花假手法開了方便之門。而前人所苦心積累的點滴經

●陳氏太極拳推手

驗，也因實踐不足，很難提高技擊水準。這也是我國古代一些著名拳種在教傳之後「失其真意」或競技無人傳習的原因之一。

陳王廷以沾、黏、連、隨、掤、攦、擠、按為中心內容，在螺旋纏繞的基礎上，創造了陳氏太極拳雙人推手法。該技法還綜合了踢、打、摔、拿、跌等競技技巧，並對其進行進一步發展、演進，可很好地增進練習者大腦反應和皮膚觸覺的靈敏性。

譬如拿法，它不限於拿人的關節，而是著重拿人的勁路，這就高於一般拿法的技巧。陳氏太極拳這種推手方法，技擊性較強，因此對提高體力、耐力、速度、靈敏度和技巧都是行之有效的。

這種推手方法代替了假想性和象徵性的花假手法，解決了練習時的場地、護具和特製服裝等問題，成為兩個人可以隨時隨地搭手練習的競技運動。

此外，陳王廷還創造了雙人黏槍法。黏隨不脫、蓄發相變的刺槍術和八杆對練是太極拳派長兵器的對抗性基本練法。將陳氏拳術與眾不同的纏絲勁運用到器械上，為長兵器對練開闢了一條簡便易行、提高技術的有效途徑。

第二章

太極拳的發展狀況

具有五千年歷史文化傳承的中國，對人類文明發展作出了重要貢獻。

武術作為中華文化的一個小分支，雖然還沒有發現它傳播到世界各地的最早記載，但是『功夫』一詞早在一百多年前就由法國傳教士帶去了歐洲。

20世紀風靡全球的『李氏』功夫片，更使『功夫』成了一個流行詞。而太極拳作為中國功夫中的一朵奇葩，早已享譽世界，受到全世界各族人民的追捧。

第一節　練習太極拳的好處

1978 年 11 月 16 日，原中日友好協會理事長三浦英夫獲得了鄧小平「太極拳好」的題詞，回國後即成立了日本太極拳協會。

1981 年 3 月 19 日，三浦英夫帶領日本電視臺的工作人員等一行三十餘人來到陳家溝採訪、拍攝太極拳。隨後，他們將太極拳的影像透過衛星傳到了世界各地。

越來越多的人開始練習太極拳，越來越多的人由練習太極拳受益，越來越多的人傳播太極拳。那麼，練習太極拳究竟有哪些好處呢？

（一）生理效益

太極拳結合了傳統導引、吐納的方法，注重練身、練氣、練意三者之間的協調。練習時一方面可鍛鍊肌肉，舒筋活絡；另一方面又能由呼吸與動作間的相互配合，對內臟加以按摩，達到強身健體的作用。太極拳在生理方面的好處有如下幾點：

1. 增加神經系統的靈敏性

練習太極拳要求「心靜意定」。練拳時必先令大腦皮層休息（心靜），將協調身體內、外器官機能的任務交由中樞神經系統（意定）執行，這樣做對增強神經系統的靈敏性有很大的好處。

2. 暢通經絡、血管、淋巴及循環系統

練習太極拳是一項有氧運動，能使人體氣血運行順暢，練習者不會因為練習時間過長而感覺疲勞。長時間練習，會感覺有指尖麻軟、關節微響、針刺、腹鳴等感覺。中醫學理論認為這是經絡暢通的反應。

太極拳中的摟、拗、屈膝、絞轉等運動，可使練習者動脈血管得到適量的擠壓與放鬆，使血液加速運行，增加氧氣的供應；還能促進淋巴系統的新陳代謝，增強個人的抵抗力。

3. 提高身體柔韌度，增強肌肉肌力及耐力

太極拳的動作速度較慢，採取走圓或弧的步法，配以大量的屈腿半蹲式運動，在練習時身體重心需要交替變換。在拳法套路練習中又夾雜摟、拗、絞轉等動作，長期練習可使身體各部分肌肉的肌力及耐力得以提高；另外，太極拳練習一般是多方向及大幅度的練習，如下勢、蹬腳等招式，能改善各關節的活動範圍。

4. 提高心肺功能

練習太極拳要保持呼吸自然、沉實，由深、長、細、緩、勻的腹式呼吸方法，增加肺的容氣量，確保氣體能充分交換，相對地增加了各器官的供氧。長時間練習太極拳，可以提高心肺功能。

5. 治療慢性消化道疾病

練拳時，各關節、肌肉、骨骼會相互牽引、絞纏、擠壓和舒張，內臟可以由腹式呼吸而產生自我按摩的作用，如橫膈膜的上下升降幅度增大，有助於刺激腸道蠕動；而

練拳時的舌頂上齶，唇齒輕閉能增加唾液的分泌，可提高消化功能。總之，經過中、西多方面研究證實，長年修習太極拳能對各種慢性病，如神經衰弱、高血壓、心臟病、消化不良、風濕性關節炎、糖尿病等疾病有一定的治療作用。這是無可推諉的事實。

（二）精神效益

1. 消除壓力

練拳時既要求「心靜用意，心無雜念」，又要求身體放鬆。練習者精神需集中於「意」上，加上太極拳本身要求剛柔並重，呼吸協調，各器官的獲氧量相對提高，故練後使人頓感輕快，壓力盡消，情緒穩定平靜；又因練拳後血氣循環暢旺，精神亦抖擻起來，工作效率自然提高。這無疑對樣樣講求效率、日常生活緊張、精神壓力沉重的現代都市人群有著正面的幫助。

2. 認識及體驗和諧、協調的陰陽哲學觀

太極拳提倡身心和諧，不強己所難，內外相合、虛實分明、剛柔相濟。正所謂「靜中觸動動猶靜」，這種講求陰陽對立統一辯證關係的哲學，就是太極拳之創作哲理。

3. 認識不以強凌弱、不藉故犯人之道德觀

太極拳論所說之「捨己從人」，彰顯了太極拳「人不犯我，我不犯人」的獨特武學精神。太極拳提倡借力打力，以小力勝大力，一切回擊純粹順應對方來勢，以靈巧的動作、較小的力氣加殊其上，使來犯者失準而落敗。

故太極拳的真正威力，只有在被人蓄意侵犯下才會發

●作者在習字練心

揮出來，其最終目的也只是「立自己於不敗之地」罷了，絕無加害對方之意。

4.瞭解修身處世之道

修習太極拳講求「中正安舒，心靜體鬆」，這個八字箴言正好是我們立身處世的最佳座右銘。透過練習太極拳，練習者可以體會到立身不正之弊：勞勞終日而不得其所。做人只要「中正」，不走歪路，不偏不倚，就可感「安舒」之態；平日只要學會「心靜」，拋開生活壓力的負擔，就能體驗到「體鬆」之感。

第二節　太極拳在當今世界的發展狀況

在現代文明社會，人們不再需要藉助太極拳來格鬥禦

敵，而太極拳在傳播過程中也逐漸隱藏其武術方面的作用，演變成為了一種強身健體、延年益壽的養生功夫。現在已經有越來越多的人加入到練習和傳承太極拳的行列中；也有越來越多的名導、明星們對太極功夫熱愛、推崇，紛紛拍攝太極功夫片。

各界人士對太極的傳承和發揚光大的豪情壯志，使得各地的太極健身館、太極養生館陸續落成並啓動，這些均讓我們感受到了太極拳的強大生命力。

（一）明星、商業鉅子們對太極拳推崇備至

太極功夫一直是電影、電視市場火熱的題材之一，《太極張三豐》、《太極宗師》、《神丐》等一系列關於太極拳的影視作品流傳至今依然魅力不減。最近的《功夫熊貓Ⅱ》的主角阿寶也耍起了太極，更是掀起了一股新的太極熱潮。

功夫巨星李連杰從來不掩飾自己對太極拳的熱愛。自出演《太極張三豐》開始，他就一直在向世界宣揚太極文化。最近他更是與阿里巴巴總裁馬雲共同創辦了太極禪國際發展公司，並擔任太極禪國際發展公司的CEO，向世界宣揚中國的武術瑰寶——太極功夫。

青睞太極拳的名人除了李連

●陰陽轉換太極拳

杰、馬雲之外還有很多，復興集團董事長郭廣昌除了自己練習太極拳以外，還在北京的星級酒店建立了太極拳館，收購太極養生館專案。正大集團董事長戴志康也在自己的星級酒店中開設了兩層的太極院，自己練習太極拳之外，還向大眾推廣太極拳。

在中國，明星、企業家們大多深愛著太極拳，也在熱心地推廣太極拳，而在國外也是如此，好萊塢著名影星基努李維在拍攝《駭客任務》時，接觸到著名武術指導陳虎先生。他從陳虎身上領教到了太極的高深後，就愛上了太極拳，並拜陳虎為師，學習太極拳。據聞，他將會執導自己的電影處女作《太極俠》。

太極拳流傳至今，受到越來越多人的青睞。現在，每年到陳家溝學習太極拳的人數呈遞增趨勢；全國各地專業傳授太極拳的拳館、會所、俱樂部、培訓中心、推廣中心等機構如雨後春筍般批量出現；以推廣、傳授太極拳為職業的人數也越來越多。相信不久的將來，太極拳一定能發展成為一種世界性的時尚運動、健康運動。

（二）太極健身引領一股新的健身潮流

提到源於國外的健身業，很多人會想到健身房的健身器械或是瑜伽等運動方式，少有人會想到太極拳。在不瞭解太極拳的人看來，太極拳只是一項供給退休人群在公園進行的運動，這是很片面的。

太極拳是由老祖宗創立，經過一代又一代人的智慧改良傳承下來的，它既融合了中國古老的易經、中醫經絡、

●陳氏太極拳各勢雕塑

導引術等學術的核心思想，又內涵儒、釋、道、兵、法等多家學說重要理念，且技擊思想上體現的是以靜制動、以慢勝快、以弱勝強的無上智慧，具有無比豐富的內涵，可以說是中國傳統文化的集大成者。

現在很多在公園中人們所練習的以24式簡化套路為主的太極拳，只不過是原始的太極拳在發展演變過程中不斷簡化的結果之一，被很多門內人士稱為「太極操」。換句話說，強身健體只是太極拳對人體所能產生的最淺顯的功效和益處而已。

中國功夫常常面臨著這樣的窘境：「牆內開花牆外香」，自家的精華只有外人才懂得欣賞。太極拳作為正宗的中國功夫，在國內並沒有得到最理想的推廣，在國外卻備受重視。現在，全世界約有一百五十個國家和地區建立了太極拳組織，已經有許多國家開設了太極拳俱樂部，更有很多政要人物參與到其中來。

據相關資料統計，目前全世界已經有兩億多人在練習

太極拳（這是怎樣驚人的數字？比絕大多數國家的人口數還多）。在亞洲、歐洲的各國，練習太極拳的人數均已經達到相當的規模。

2003 年加拿大國慶日當天，其中部一個名叫 Thunder Bay（中文譯為雷灣）的總人口不到 12 萬人的小城市，在一名中國太極拳師的帶領下，舉行了上千人集體演練太極拳來歡度國慶的慶祝活動，吸引了全世界的關注。該區域太極拳習練人口密度可見一斑。

1994 年，美國國會通過一項決議，決定對太極拳及其對人體所帶來的好處進行專項研究。時至今日，該項目科研經費已從最初的 4 億美元增長至每年數百億美元，其國家健康研究所更是稱「太極拳對人體來說是一項完美運動，沒有任何副作用」，並「建議在全國範圍內推廣」。此研究報告引起了美國國家議會的高度重視，甚至準備立法推廣太極拳。

美國的研究人員曾經做過這樣的試驗：跟蹤觀察和研究三千名瑜伽練習者和三千名太極拳練習者，最終發現太極拳在治療慢性病、失眠以及止痛方面的功效要明顯優於瑜伽。

在國內，隨著國民經濟水準的提高，以太極拳為主題的大型（有些還是國際性）活動日益增多起來，且規模不斷擴大、提高。如一年一次的「香港國際武術節」，近十年來參與的人數已從最初的數百人迅猛增至上萬人，其中太極拳項目占了絕大多數；兩年一度的「中國焦作國際太極拳交流大會」，每屆都吸引六十個國家以上的成千上萬

的太極拳愛好者來參賽和觀摩。同時，太極拳的集體展示中已逐漸成為我國大型活動開幕式表演中的必備項目。其中，讓人印象深刻的有1990年北京亞運會一千五百多名中日太極拳愛好者的24式太極拳表演、2008年北京奧運會開幕式上2008名武校學生的陳氏太極拳表演和2010年上海世博會上太極拳的展示表演等。

　　還值得一提的是，太極拳集體演練人數的金氏世界紀錄也在不斷刷新。從1998年北京天安門廣場為紀念鄧小平題詞「太極拳好」二十周年組織的萬人演練，到2000年香港組織的千禧年慶祝活動一萬二千多人的演練，2001年海南三亞的首屆世界太極拳健康大會的萬人沙灘打太極，再到2004年洛陽牡丹花會的三萬人太極演練，2007年焦作國際太極拳交流大會中的十萬人太極演練……短短不到十年時間，太極拳集體演練人數的金氏世界紀錄已經更換過好

●於炎黃二帝塑像落成慶典上表演

幾次。

　　這也是太極拳發展史上空前的盛狀。「韜光養晦，厚積薄發。」研究太極拳發展的歷史，我們不難發現，從太極拳問世至今的幾百年裡，從來沒有像今天一樣迸發出如此巨大而磅礡的力量。我們相信，在不久的將來，太極拳一定會成為名副其實、參與人數最多的「世界第一運動」。

●於上海世博會上表演

第二章

陳氏太極拳基本功

太極是宇宙天地的本基或本源。

太極拳是結合太極學說所編創的拳法，其中的基本功法更是重中之重。

越來越多的人開始習練太極拳。

在習練太極拳功法套路之時，不能忽略的還數基本功。

只有打好牢固的基礎，才能在日後的練習中，領悟到更加高深的拳法。

第一節 先明理，再學拳

太極拳不是廣播體操，它比廣播體操具備更加豐富的內涵。它結合了陰陽之理，把螺旋纏絲運動融於清淨之中，又把清淨化於太極拳的螺旋纏絲運動之中。動與靜的巧妙結合，讓練習者從內到外都得到修養。

有的人練習太極拳進步神速，而有的人練習太極拳卻總是功不達法，其實原因就在於沒有明白太極拳的道理。只有在學拳之前先明白它的道理，才能在後面的習練中取得事半功倍的效果。學拳前，應首先具備這樣三個前提條件，即五心、三要素、一認識。

（一）五心：敬心、信心、決心、恒心、耐心

一曰敬心

培養良好的道德品質，敬拳敬師。著名的太極拳家陳鑫在《陳氏太極拳圖說》中首先講到敬心：「學太極拳不可不敬，不敬則外慢師友，內慢身體，心不斂束，如何能學藝？」

二曰信心

信心包括兩方面含義，一是自信心，堅信自己一定能練好太極拳，自信心乃練拳動力之源泉。二是待人接物真誠信義，信仰太極拳，信任授業之師。如此方能安定身心，一心一意，不致朝秦暮楚，見異思遷。

三曰決心

練習太極拳須決心下定，方能立志。孟子曰：「志，氣之帥也。」決心下定，才能不為外物所動，堅定不移，矢志不渝。

四曰恆心

恆乃持久之意。樹立恆心就是持之以恆練習太極拳，幾年甚至幾十年如一日地堅持不懈。三天打魚兩天曬網、淺嘗輒止、不思進取的行為，都不能稱之為恆心。

陳氏十七世祖發科公日練拳三十遍，幾十年如一日，攻入化境，獨步一時，足為持之以恆終於成功的明證。

五曰耐心

即便具備了以上四心，如果缺乏耐心，仍不可能練好太極拳。一是太極拳行功走架要求鬆靜、柔和、緩慢，如果沒有足夠的認識和心理準備，就不可能耐下心來，心平氣和地練拳，極易產生急躁情緒，結果適得其反。再者，練習太極拳是一個長期的身心修煉過程，不能急於求成。要求不急躁，不厭煩，心平氣和，循規蹈矩，在行功走架上怡養浩然之氣，達到身心雙修，自然水到渠成。

（二）三要素：師資、天資、勤學苦練

1.師資為學好太極拳的首要因素

古人云：「師者，所以傳道授業解惑也。」習文練武莫不如此，尤其是練習太極拳，老師的作用是先決條件，無師自通的例子至今尚未見到。如果僅以習拳為娛，玩玩而已，自不在此例。

要想練好太極拳，必須有一位品德高尚、技術精湛、理論精通、教學有方的明師，才能引導學生步入正確途徑、少走彎路，起到事半功倍的效果。如果沒有明師指導，一旦步入歧途，太極拳殿堂終難問津。

2. 天資是練好太極拳的關鍵因素

尤其是企盼有所建樹者，必須天資聰穎，接受能力強，思路清晰，反應敏捷，能舉一反三。太極拳精奧之處不僅要靠老師指導，還必須親身體會，用心琢磨。

所謂「只可意會，不可言傳」之語，並非保守，實乃難以言傳也。只有天資好、悟性高，加上其他條件，才有可能悟透拳理，達到較高境界。否則，即使有明師傳道授業解惑，自己又肯下工夫苦練，可惜悟不透拳中精奧之處，也只能停留在二層功夫水準上。比如上學，一樣努力，成績不同，乃天資有別也。

3. 勤學苦練是練好太極拳的決定因素

自己天資聰穎，又有明師指導，還必須有吃苦耐勞的精神才能成功。如《太極拳拳論》所說：「理清路明而猶未能，再加終日乾乾之功，進而不止，日久自到。」期間既非一蹴而就，又無捷徑可尋，只有苦練。功夫是練出來的，苦練功夫才能上身。在明師指導下，循規蹈矩，堅持不懈，於苦練中蓄積孕育內功，由量變逐漸產生質變。

所謂悟性，只能在苦練的基礎上厚積薄發，才能及時捕捉靈性，體味太極拳之真諦。

如果自負聰明，不願苦練，恐怕到老也悟不出拳中精奧之處，只能徘徊於太極拳殿堂門外。

（三）一個認識：認識太極拳的本質

　　練好太極拳還需要有「一個認識」，即對太極拳本質的認識，就是要懂得什麼是太極拳。必須把基本道理釐清楚，這樣你練起來就有了一個尺度，有了一個準則。

　　太極拳是一項十分浩大的工程體系，對於它的拳架、拳理都要有明確認識。

　　要想做好「認識」太極拳的這項工作，非朝夕之功也。需多讀書，多查閱資料，多練多體會，反覆琢磨，多請教老師，多與拳友、同好者交流切磋……簡而言之，欲形成對太極拳全面而又客觀的認識，靠的是日積月累，逐層領悟。

　　筆者就此話題曾作小文一篇，可與同好分享。

●陳斌在演練太極拳

淺談對陳氏太極拳的認識

我的父親陳正雷先生在他的著作裡將練習陳氏太極拳的先決條件歸納為「五心」、「三要素」和「一認識」。五心即敬心、決心、信心、耐心、恆心；三要素則指的是師資、天資和勤學苦練；一認識自然指的是對陳氏太極拳的認識。對於前兩項，非常好理解，並且在其著作裡也有相關的一些解釋和說明。唯獨這個認識問題，大概是因為問題太大，不宜展開，家父一筆帶過了。

筆者跟隨家父習拳多年，且因環境之故，耳濡目染，頗受薰陶。近日有閒，就這個認識問題將多年之所感所悟整理成劣文一篇，與同道共商。

對任何事物的認識都不能離開全面和客觀兩個基本原則，因此，我想從下面四個層面來分別談一談。

◎拳

首先我們客觀地說，僅從名稱上來看，陳氏太極拳不過是一種拳種。它有著完整的理論基礎、套路、功法、攻防意識、技擊用法等作為一個拳種所必備的一切因素。而且，它還以它極其豐厚的理論

●陳斌於深圳「寶芝林」門前

依據和妙不可言的技擊方法成為了整個中華武術的重要代表拳術之一。

說其理論深厚，是指易經陰陽學、中醫經絡學和導引吐納術的完美結合；說其用法精妙，是指「引勁落空、借力打人」，「牽動四兩撥千斤」的智慧體現。

從本質上來說，先將其定性為一種可以體現我中華民族優秀傳統文化的拳術運動，應當還是比較客觀的。

◎修身養性之法

古人云：修身齊家治國平天下。古往今來，習文舞劍不外乎是兩種不同的修身之法，只不過從形式上看，前者是內修，後者是外修而已。太極拳則講究內外兼修，既可練就強健之體魄，又可陶冶情操，養就儒雅大度之風。

太極拳的強身健體之效，在此就不必多言了吧，相信每位練習者都是不同程度的受益者，全球過億的愛好者自然是各有各的體會。而當你進入到較高的境界後（起碼是體內真正有了內氣活動），每每練拳之時，那種恬靜、悠閒、安逸、渾然忘我的感覺大概只有諸葛亮的「淡泊以明志，寧靜以致遠」或者陶淵明的「採菊東籬下，悠然見南山」這樣的句子可以比擬。

試想，經常處於這種感受之中的人應該擁有怎樣的修養和性情？再試問，您腦海中呈現的、小說裡讀到的以及生活中遇見過的那些真正的武學大師是怎樣的一種形象和修養？

所以，說陳氏太極拳是一種修身養性之法也是名副其實。

◎平衡之術

平衡，是大自然無處不在、無時不有的一種現象。比如四季的更替，晴天和雨天的轉化，高山和深海的存在，雌雄、公母、男女的分配非曲直等。平衡，也是人類社會形態的一種規律。

●「虛靈頂勁」練太極

三國演義開篇語說得好：天下大勢，分久必合，合久必分。分有分的平衡，合有合的平衡，分的平衡一旦失去，就會向合的平衡去轉化，反之亦然。平衡，還是每個人為人處事的一個最根本的準則。世上沒有不勞而獲的事，也很少有勞而無功的事。什麼都不付出就想得到許多，那是白日做夢；付出了許多卻沒有任何回報，那也是不大可能。

關於「平衡」二字囉嗦了半天，也該回到正題了，讓咱們來看看陳氏太極拳是怎麼闡述它的平衡之術的。

身法上，它要求立身中正、不偏不倚；架勢上，它要求不丟不頂、不過不卯；步法上，它要求有開有合、有虛有實；勁路上，它講究剛柔相濟；速度上，它講究快慢相間；整體上，它讓你領悟的是中庸之道，體會的是陰陽轉換之理。

而這些理論和練習要求，產生的效果如何呢？在身體

的調理方面，它和中醫的醫理相通——達到自身最恰當的平衡；療程相仿——講究的是慢工出細活；療效相同——治根、治本。在性情的調理方面，它就像其他任何一門藝術一樣，可以陶冶情操，修正性情。讓焦躁的人變得沉穩一點，太沉悶的人變得開朗一點；過於樂觀的人變得中正一點，悲觀的人變得積極一點……這些決非是誇大其辭、牽強附會之說，以上的每一種轉變筆者在生活中都見識過活生生的例子。而這些變化，會逐步滲透到你生活的每一個角落裡：你的心態、你的人際關係、你的工作等，但最終的作用和效果只有一個——讓你的修養更高、人緣更好、生活得更幸福！

由此可見，把陳氏太極拳稱之為一種平衡之術亦不為過。

◎道

道可道，非常道。道到底是個什麼東西，恐怕沒有人能講明白的。但它卻是人類所共同追求的東西，很多人甚至窮盡一生將它視做終極目標來苦苦追尋。

道是個過於抽象、難以描述的東西，但我們可以透過一些具體的事物來感悟。

比如老子所說的「上善若水」，說的是做人的至高境界應該像水那樣。像水的什麼呢？我想這裡指的不外乎水的清潔性、犧牲性和善變性三點。

清潔性指的是本質，做人要像水那樣清白、潔淨（陳氏太極拳闡述的做人之理即是「時刻保持立身中正」）；犧牲性指的是奉獻精神，水總是靠弄髒自己來洗淨他人，

說的是做人的修為（陳氏太極拳「捨己從人」的技擊理念即是「只有捨棄自己，才能征服對手」）；善變性一方面指的是水順遂、自然、隨曲就伸地適應各種各樣的環境，對人而言自然是說人適應社會的各種能力了（「順遂自然」、「隨曲就伸」本就是太極拳的專業術語），另一方面則指水剛柔相濟的脾氣，可以是潺潺流水、涓涓細流，也可以是山洪暴發、河水氾濫，對人嘛，應該是說人的個性或者說兩面性吧（陳氏太極拳放鬆時與發力時兩種風格正好可以用「剛柔相濟」來概括）。

從括弧裡的內容中不難看出，太極拳非常能體現出上面所述的這些水的性質和做人的道理。我經常聽家父在講課時用到風和水等自然事物來比喻太極拳的性質，聽得多了，自然就有了這些感悟。

當然了，這個話題太大了，決非三言兩語所能表述，我也只能藉由這麼個例子來跟大家簡單探討一下而已。不過有一點是可以肯定的：太極，本身就是一種大道！它是包羅萬象、無所不有、無所不及的。咱們這樣給它下定義有太多太多的依據了，因為，在咱們身後，有老祖先留下的近五千年的中華文化作為靠山！

華夏文明，源遠流長；太極文化，博大精深。就我個人的小小體會加上淺薄的人生閱歷來說，目前也只能思索、探索到這麼點皮毛而已。不妥、不到之處，還請前輩長者和同道中人不吝指教。

（四）「三練三不練」原則

1. 練理不練力

「理」就是太極拳的道理、原理。太極拳練的是大道，即太極陰陽轉換中陽極生陰、陰極生陽的原理。太極拳要求剛中寓柔，柔中寓剛，剛柔相濟；虛極生實，實極生虛，虛實轉換。由精神集中、以意導氣、以氣運身，講究意到、氣到、形隨，做到一動全動，周身相隨，內外相合。練功時循規蹈矩，順其自然，不能急於求成。練「力」指的是練習氣力，比如在健身房裡的種種局部肢體力量的鍛鍊。此種練法雖然將局部力量練得很大，但這種力量是拙力、僵力，缺少靈性，所以為太極拳家所不取。

2. 練本不練標

「本」是指本源、根本，即腎中元氣和下盤功夫。腎藏元陰元陽，為先天根本和發氣之源。腎氣充足則五臟得養，心、肝、脾、肺、腎各行其職，故能精力充沛，反應靈敏，身體協調，內氣充盈，此為本源之一。本源之二，是指在周身放鬆的基礎上，氣納丹田、沉入湧泉，達到上盤靈、中盤活、下盤穩固，落地生根的境界。

「標」是指以練習身體各個部位的力量和硬度為主要目的的局部練習方法。太極拳是內功拳，內外兼修，以練內培元為主。「培根潤源」，即培養根基、充實本元，正所謂「培其根則枝葉自茂，潤其源則流脈自長」。

3. 練身不練招

練「身」就是練整體功力，「招」則是每一動作的攻

防含義。初練太極拳的人往往最愛瞭解每個招勢的用法。如果單從招勢上去解釋和理解太極拳用法和內涵，就不可能得到太極拳之精髓。

太極拳主要是訓練自身整體功力，練太極拳必須經過熟練套路、動作正確、去僵求柔的過程，使周身相隨，內外相合；內氣充實飽滿，把功夫練上身。在應用時則根據客觀形勢，捨己從人，隨機應變，並不拘泥於一招一勢。內氣充實了，全身猶如充滿氣的球體，有感皆應，挨著何處何處能擊。如《太極拳論》所述：「到成時，敵人怎來怎應，不待思想，自然有法。」

第二節 陳氏太極拳對周身各部位的要求

修煉陳氏太極拳，除了需要明白拳法的本質之外，對修煉者周身各部位姿勢也有比較嚴格和正統的要求。

下面將一一列舉並說明。

（一）頭頸部

陳鑫在《太極拳圖說》中說：「頭為六陽之首，周身之主，五官百骸莫不以此為向背。」《拳論》規定：

● 「鬆肩沉肘」練習太極拳

「百會穴領其全身」，「自始至終頂勁決不可失」，還有「虛靈頂勁」、「提頂」、「吊頂」、「頭頂懸」等說法。《拳論》中之所以用「領」、「提」、「虛」、「靈」等字來描繪對頭頸部位的要求，是為了防止練拳時體內中氣過於上衝，從而引起頸部肌肉的僵直和導致全身的僵滯。

●陳斌與弟子練習推手

●陳斌與弟子在小院內練習太極拳

從力學來講，頭處在人體上下垂直線上；從生理學來講，頭部的大腦是神經系統的中樞。如果練拳時頭部東倒西歪，勢必影響身體的平衡和協調，不但失去動作姿勢的優美，也影響精神的集中。

●吸取天地之靈氣，師徒一起演練太極拳

《拳論》說：「腰脊為第一主宰，喉頭為第二主宰。」練拳時，頭頸部要領掌握得好，才能使精神集中；一招一勢，舉手投足，受著意識的指導，動作起來，才能使周身靈活。否則就顯得精神渙散，動作失去完整和協調性。就像陳鑫指出的：「一失頂勁，四肢若無所附，且無精神。故必領起，以為周身綱領。」

對頭頸部的要求

頭部保持正直，頸部肌肉保持鬆弛狀態，使頭部有懸起的感覺。注意動作不要勉強和呆板，避免前俯後仰或東倒西歪。身體移動和旋轉時，頭頸部與身軀四肢要上下一致，兩目要平視延遠。在運行中，以手為主，眼神注於該手的中指端。下顎要微向內收，牙齒和口唇要微合。舌尖抵住上齶，以加強唾液分泌。耳聽身後，兼顧左右。總之，處處要自然輕鬆，不可有絲毫急躁的情緒。

（二）軀幹部

軀幹部指的是人體的胸背、腰脊、腹部和臀部。這些部位是人體內臟所在和內臟的保護性支架，在健身、防身和技擊等方面，都起著重要的作用。

1. 對胸部的要求

要含、要虛、要鬆。陳鑫說：「胸要含住勁，又要虛。」「胸間鬆開，胸一鬆，全體舒暢。」胸部含虛和胸間鬆開，可以自然形成腹式呼吸，使呼吸深長舒暢。從技擊意義上講，「緊要全在胸中腰間運化。」胸部虛含，鎖骨和肋骨鬆沉，可以使上肢虛靈和身體重心向下降，對技

擊大有好處。

2. 對背部的要求

舒展鬆沉，「用中氣貫注」。人體背部呈微弧形，由脊椎骨上下連接，是脊髓神經所在部位。按照經絡學說，背部是督脈的通道，督脈則屬「陽脈之海」。

練拳時，背部肌肉要注意舒展和向下鬆沉，要根據脊椎生理狀態，隨屈就伸，保持脊背的相對端正，以利於氣血的通暢，做到「牽動往來氣貼背」，便於及時使「力由脊發」。

有的學派提出了「拔背」的要求，筆者認為用這個「拔」字，容易使人產生誤解。就字義講，「拔」是向上提拔的意思。人體脊背部不論是上拔或前屈，都會使背闊肌和肋間肌拉緊前伸，迫使胸部向內吞縮，兩肩前扣，形成弓背聳肩的錯誤姿勢，既影響和破壞身法的優美，又使胸腔受到一定壓迫，妨礙呼吸的順暢。

3. 對腰脊部的要求

腰勁向下塌。就是腰部椎弓要按生理特性，略向內收下沉，向下塌住勁。在含胸的情況下，向下塌住勁，能夠使心氣下降，下盤穩固。同時，還要注意兩肋微內收，即拳論中的「束肋」。但是腰勁下塌，不可用力太過。

在陳鑫的論著中，一方面說「腰勁貴下去，貴堅實」；另一方面說「腰中要虛，一虛則上下皆靈」。他說：「腰為上下體樞紐轉關處，不可軟，亦不可硬，折其中方得。」如果腰部過於用力，會使腰大肌收縮，影響上下體轉動的靈活性。

在塌腰的同時，還要注意使腰脊直豎，就是所謂的「直腰」。成年人的脊柱由二十四塊椎骨、一塊骶骨、一塊尾骨以及韌帶和關節緊密連接而成。由於直立的影響，從側面看，有頸彎、胸彎、腰彎和骶彎四個生理彎曲，其中腰椎是向前彎曲的。又因為椎骨之間，有關節軟骨和關節韌帶相連接，活動性強，伸縮性大，容易受其他部位的肌肉牽引而出現俯仰歪斜的現象。

做好「直腰」，就是為了盡可能地減小腰彎曲度，維持立身中正，使腰脊更好地起到「車軸」的作用。拳論云：「心為令，氣為旗，腰為纛（古代軍隊裡的大旗）」，指的就是腰脊要像旗杆那樣直豎著。

需要說明的是，在練習過程中，腰椎以上的胸椎部分，雖然有時根據動作的需要會有些輕微的伸縮，但不可隨意搖擺，要注意曲中求直。

4. 對腹部的要求

陳氏太極拳對腹部的要求是「合」。陳鑫說：「中間胸腹，自天突穴至臍下陰交、氣海、石門、關元如罄折，如鞠躬形，是謂含住胸，是為合住勁，要虛。」又說：「胸腹寬宏廣大，向前合住，中氣貫注。」腹部是丹田所在之處，丹田是中氣歸宿之所。

練習太極拳時，周身之勁，往外發者，皆起於丹田。腹肋的左右氣衝穴、維道穴將氣海穴、關元穴、中極穴虛虛合住，有利於中氣出入丹田，有利任脈的通暢。

有的太極拳家提出「腹鬆」，有的提出「空胸實腹」。實際上，腹部肌肉隨著中氣出入丹田有張有弛，兩

者並不矛盾，是「中氣存於中，虛靈含於內」。

5. 對臀部的要求

陳氏太極拳對臀部的要求是要「泛」。陳鑫在《太極拳圖說》中，曾多次提出臀部要「泛起」（「翻起」）。他說：「屁股泛不起來，不唯前襠合不住，即上體亦皆扣合不住。」在塌腰、合腹、開胯、圓襠的配合下，臀部向後微泛，有利中氣貫於脊中，有利於腰勁、襠勁、腿勁的運用。泛臀決不是撅屁股，不是突臀。泛臀是塌腰、合腹、圓襠、開胯、合膝的必然結果。「前襠合住，後臀自然翻起」。

有的太極學派提出「斂臀」的要求，就是臀部微向裡收。筆者個人認為「斂臀」固然可以防止撅屁股的毛病，但是如果只注意臀部向裡收斂，則前襠大開，後襠夾住，襠勁不能開圓，這會影響身體轉動的靈活性。

（三）上肢部

1. 對肩肘部的要求

「鬆肩沉肘」是各派太極拳的共同要求，有的也叫「沉肩垂肘」或「沉肩墜肘」，即兩肩關節要向下向外鬆開，兩肘關節要向下沉墜。

鬆肩和沉肘是相互聯繫的。只有做到鬆肩沉肘，兩臂才能圓滿鬆活，運動自然。

《拳論》講：「轉關在肩，折疊在腕。」也就是說，解脫擒拿，內勁運動在胸腰，通過肩肘，力達手腕，方能解脫。只有肩肘關節通順，內勁才能達到掌指。如果肩肘

受到障礙，便會影響內勁運用，從而也將影響周身協調。

在練習時，要經常注意兩肩關節的鬆弛，有意識地向外伸展，使勁逐漸拉開下沉；兩肘則要有下垂之意，以起到「護肋」的作用。同時還要注意使腋下留有大約一個拳頭的空隙，以利於手臂的旋轉自如。肩臂的上下左右旋轉，雖然要求輕靈，但不可漂浮和軟化，處處要力爭圓滿，做到輕而不浮、沉而不僵。

但是這種功夫必須日久才能達到。陳鑫說：「肩、膊頭骨縫要開。始則不開，不可使之強開。功夫未到自開時，心說已開，究竟未開。必功苦日久，自然能開，方算得開。此處一開，則全胳膊之往來屈伸，如風吹楊柳，天機動盪，活潑潑的毫無滯機，皆繫於此。此肱之樞紐，靈動所關，不可不知。」

2. 對腕部的要求

陳氏太極拳有豎腕、坐腕、折腕、旋轉腕等多種變化，是隨著動作的需要、身法的協調而變化的。

如摟膝、懶紮衣、單鞭等勢，手掌都應豎腕；掩手肱拳、雲手、當頭炮等勢應直腕；抱頭推山、六封四閉等勢應坐腕；懶紮衣轉六封四閉、高探馬下邊的過渡動作和三換掌等勢應折疊腕；六封四閉前邊的過渡動作、倒捲肱轉換動作等，應旋轉腕。但是，不論千變萬化，必須結合身法，以中氣運行而變化之。

既要使腕部靈活多變，又要使腕部具有一定的柔韌性，決不可為了花哨好看而浮漂軟化，失去腕部的勁，這樣在推手時就容易被對方拿住手腕而受制。

（四）下肢部（腿部）

下肢是支撐身體的根基和勁力發動的根源。《拳論》說：「其根在腳，發於腿，主宰於腰，形於手指」，「有不得勁處，身便散亂，必至偏倚，其病必於腰腿求之」，步為周身之樞紐，「靈與不靈在於步，活與不活在於步」，都是講腳步姿勢動作的重要性。

1. 對襠部的要求

陳氏太極拳對襠部的要求是要圓、要虛、要鬆、要活。避免出現尖襠、塌襠和死襠。《拳論》云：「腎囊兩旁謂之襠，貴圓貴虛。」又說：「襠內自有彈簧力，靈機一轉鳥難飛。」襠在套路運行和技擊方面都起著重要作用。

圓襠是指兩胯根與兩膝蓋要撐開撐圓而又有相合之意。每逢開步時，一腿實，一腿虛，虛腿腳尖裡扣，小腿肚和大腿肌（即股內斜肌）才有內旋外轉之意，再加上會陰處的虛虛上提，襠部就有圓、虛之感，就可避免尖襠（「人」字襠）的虛實不分。鬆襠和活襠是指胯節與臀部肌肉要放鬆，不能死頂住骨盆，虛實

●青山綠水間，天人合一太極拳

要靈活變換。

在左右變換時，走的是平行「∞」字，內外旋轉；在前後變換時，走的是下弧線。這樣才能避免「死襠」不動，虛實不分，只見上肢活動的現象。

塌襠是指臀部低於膝蓋，膝關節有了死彎，步法不輕，犯了轉關不靈的毛病。襠部的會陰穴是任督二脈的起點，練拳時，頭頂的百會穴與襠部的會陰穴上下呼應，陰陽經氣得到平穩，也有利於立身中正。

在運動過程中，腰與襠有密切關係，襠與胯膝也要相互配合。腰能鬆沉，胯能撐開，膝能裡合，襠勁自能撐圓。陳鑫在《陳氏太極拳圖說》中說：「下腰勁，尻微翻起，襠勁自然合住。」又說：「尻骨，環跳撅起來，裡邊腿根撐開，襠自開；兩膝合住，襠自然圓。」

2. 對胯（髖）部的要求

胯根要開，就是胯關節要鬆開。《拳論》講：「腰如車軸，氣如車輪。」腰部的左右旋轉和腿部的虛實轉換，是靠胯關節的鬆活來完成的。如果兩個胯關節不鬆活，死頂住骨盆，腰也難以起到車軸的作用。「鬆胯」這一要求，一般是不太好掌握的。因為胯部支撐著上半身的重量，胯部放鬆，膝關節的負擔就要加重。

一般初練的人，腿部力量差，膝關節支持不了全身的重量，所以不敢鬆胯，容易形成膝蓋前栽，鼓肚挺胸，身體後仰的不良姿勢。

【正確的姿勢要求】保持軀幹部的中正安舒，下蹲時，膝蓋不能超過前腳尖，胯部和臀部像是後邊有凳子坐

著一樣。髖關節與肩關節上下結合放鬆。如果胯不鬆而肩硬向下垂，肋部和腹部肌肉受壓，將影響肋部、腹部肌肉的鬆弛下沉及膈肌的下降，機體的升降功能就會不同程度地受到影響，就難以達到「腹內鬆靜氣騰然」的要求。

3. 對膝部的要求

膝是由關節和關節韌帶等周圍組織所組成，活動性能好，伸縮力強，是脛腓骨與股骨的結合部。膝部在太極拳運動中的地位是非常重要的。

在套路練習時，腿部支撐力的大小、全身的重量都是由膝關節的調節來完成的，在此過程中，膝關節要始終保持一定的彎曲，而練習者則是在屈膝鬆胯的基礎上保持立身中正。此外，拳架身法的高低，步法的大小，都與膝關節有直接的關係。從身法上講，身法低，步定大，膝關節承受負擔就重。

初學太極拳的人，應該先練高身法，待腿上有了支撐力，再逐漸降低身法。這樣由高到低，活動量由小到大，循序漸進，以免膝關節受傷。同時還要注意對膝關節的保護，練拳之後，關節及身體組織血液運行加速，關節局部有熱感，這時皮竅開而腠理鬆，千萬不可用冷水洗或風吹，以免風濕乘機入侵，引起關節皮肉的風濕痹症。

陳氏太極拳的技擊上對膝部也有一定的要求，雙人推手，兩腿相並，兩膝互相黏化，可以外撇、裡扣、膝打，既可迫使對方失勢，也是護襠、護臁骨的方法。《拳論》有「遠用足踢，近便加膝」的說法。

4. 對足（腳）部的要求

足是周身之根基，兩足姿勢的正確與否，對保證步法的靈活穩健有重要的作用。練習時，兩足要踏實地，足趾、足掌、足後跟皆要抓地，湧泉穴（正腳心）要虛。足趾不能翹，足掌不能左撇右歪、前搓後晃。在開步及邁步時，要定準方向和位置，要做到「落地生根」，不能亂動。這樣才有步履清晰、沉著、穩健的感覺。

另外，在運行中向前邁步或向左右開步時，都要屈膝鬆胯，足尖上翹裡合，足跟裡側著地向外鏟地滑出，開到適當的位置，再移重心落實。向後退時，足尖先落地，再移重心逐漸踏實。在向左右旋轉方向時，一足支撐重心，另一足足尖上翹外擺或裡扣，以足跟外側著地，方向位置移好，再移重心踏實。足尖外擺和裡扣時，要使腿部具有螺旋纏絲勁。

足在技擊上有鉤、套、蹬、踢、踩等方法。鉤、套、踢一般是使用足尖的方法；蹬、踩是使用足跟及足掌的方法。

以上對周身各部位的要求，貫穿在整個太極拳套路中，它們相互依存、相互聯繫、相互制約，任何一部分的姿勢正確與否都會影響全身。所以初學者必須細心揣摩，認真思考，按照全身各部位的要求，在基本功夫上打好基礎，這樣才能逐漸在整個套路運行中將各部位的姿勢恰當配合，從而掌握動作中的速度、路線和方法，逐漸達到身端步穩，上下相隨，周身協調，連貫圓活，「動如流水靜若山，慢如行雲疾似電」的境界。

第三節 基本手型動作解說

陳氏太極拳很重視手的作用。《拳論》說：「此藝全是以心運手，以手領肘，以肘領身。」「每一舉一動，其運化在身，表現在手。」又有「梢節領（手為梢節），中節隨，根節催」之說。從手型講，主要有掌、拳、鉤手三種。

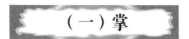

（一）掌

陳氏太極拳對掌的要求是「瓦攏掌」，即像瓦片一樣，中間低，兩邊微微隆起，拇指與小指有相合之意，最為突前；食指、無名指居中；中指微向後仰，處於最後。三個層次彼此間均相差半個手指指腹的距離。

四指均輕微合攏，但不要用力，掌心要虛。

[掌]

[掌側面圖]

（二）拳

陳氏太極拳的握拳形式是以四指併攏捲曲，指尖貼於掌心，然後拇指捲曲，貼於食指與中指中節上，握成拳形，但又不能握得太緊。如握太緊會使整個手臂與半側身體肌肉的緊張度增加，呈現僵硬，內勁不能順利達到拳頂。在蓄勁時要虛握拳，在發勁著人的一瞬間成拳，力貫拳頂。

[拳]

使勁由足而生，行於腿、主宰於腰，由肩肘，達到拳頂，周身完整一氣。但注意在發拳時腕部千萬不能軟，拳頂不能上撩，也不能下栽，必須直腕。如果腕部軟塌，拳遇實物就會受傷。

（三）鈎手

五指合攏，手腕上領提起，腕部鈎住放鬆，不能形成死鈎。如用力死鈎，會使腕部與臂部僵直，失去靈活，阻礙經氣的循行。

鈎手可以鍛鍊腕部的旋轉，含有叼手、擒手與解脫擒拿的方法，在套路練習中，鈎手的動作意義不可忽視。

[鈎手]

第四節　基本步型動作解說

　　初學太極拳的人往往只關注招式動作或套路，大多不太注重步法的練習，這是不正確的。太極拳的步法對學習太極拳有著重要的作用。步法雖是由一些簡單的步型組成，但其實際意義重大。

　　在練習太極拳時，應先練習好各種步型，然後結合拳法套路，將步型運用到其中，理解拳式結構，理解身體上動和下動的關係，這樣才能獲得更好的修煉效果。

（一）中定步

　　雙腳開立，與肩同寬或比肩略寬。屈膝鬆胯，含胸塌腰。立身中正，全身放鬆。頭正，微上頂。頸部放鬆，唇齒微合，舌尖輕抵上齶。襠要開圓，腳踏實地，腳趾、腳外側、腳跟皆抓地，湧泉穴要虛，重心在兩腿之間。如「太極渾元樁」一式等即是運用此種步型。

[中定步]　　　　[中定步側面]

（二）弓步

[左弓步]　　　　　　　　[右弓步]

　　1.左弓步：左腿為實，右腿為虛；兩腳在一條水平線上。其他要求同上。如「單鞭」一式即是運用此種步型。

　　2.右弓步：右腿為實，左腿為虛；其他要求與左弓步相同，只是方向相反。如「懶紮衣」一式即是運用此種步型。

[前弓步]　　　　　　　　[後弓步]

零基礎學正宗陳氏太極拳

3. **前弓步**：左腿為實在前，右腿為虛在後；兩腳間成45°，恰似踩在一正方形對角線上。其他要求同上。如「斜行」一式即是運用此種步型。

4. **後弓步**：左腿為實在後，右腿為虛在前；其他要求同上。如「中盤」一式即是運用此種步型。

●師父提醒●

一腿為實，一腿為虛。實腿膝蓋與腳跟上下對照，方向與腳尖對照；虛腿腳尖內扣。膝關節微屈，屈中有直。重心三七分（實腿為七分，虛腿為三分）。鬆胯屈膝，襠要開圓，既外開又內合，有「開中有合，合中有開」之意。此類步型統稱「弓步」。具體在動作裡有左、右、前、後之分。

（三）虛步

[前虛步]　　　　　　　[側面動作]

3. **前虛步**：左腿支撐重心，右腳腳尖點在身前；其他要求同上。如「金剛搗碓上步」一式即是運用此種步型。

2. 跟步：右腿支撐重心，左腳腳尖點在身側；其他要求同上。如「六封四閉」一式即是運用此種步型。

[跟步]　　　　[側面動作]

3. 丁字步：右腿支撐重心，右腿尖略外擺；左腳腳尖點在身前左側，左右腳正好成「丁」字；其他要求同上。如「白鵝亮翅」一式即是運用此種步型。

[丁字步]　　　　[側面動作]

●師父提醒●

虛步總述：「虛步」是一腿支撐重心，另一腿虛足，腳尖點地，膝蓋上領。虛足支撐全身重量的1/10，起支點作用。屈膝鬆胯，虛實分明。根據腳尖點的位置不同，虛步可分為前虛步、跟步、丁字步等。

（四）獨立步

獨立步是一種高步法。具體做法是一腿站立支撐身體重心，站立之腿要挺而不直，穩重自然；另一腿屈膝提起，與胯平，腳尖內扣，旋於襠內。如「金雞獨立」一式即是運用此種步型。

[左獨立步]　　　　　[右獨立步]

（五）仆步

[跌岔]　　　　　　　　[雀地龍]

仆步是一種低步法，也稱「單跌岔」。一腿屈膝下蹲，一腿伸直撲地，但不能全坐死，臀部離地仍留有約四指距離，使襠內有靈活旋轉力。如「跌岔」、「雀地龍」等式即是運用此種步型。

（六）坐盤步

[右坐盤]

[左坐盤]　　　　　　　　　　　　　　[右坐盤背面動作]

　　坐盤步分為左坐盤步和右坐盤步兩種，左坐盤步是右腳在前，左腳在後交叉盤腿下坐；右坐盤步的動作要求與之基本相同，換左腳在前，右腳在後即可。

第五節 基本樁功動作解說

椿功是練習者在練習太極拳時不可忽略的一部分。椿功，動作單純，能讓人摒棄煩躁的情緒，快速集中精神，還能讓人立身中正，周身放鬆，心氣下降，氣沉丹田。每次基本椿功動作練習時應站5～10分鐘，由少到多，由短到長，由高到低，逐漸加大運動量。

（一）太極渾元椿

兩腳開立，比肩略寬，屈膝鬆胯，含胸塌腰，立身中正，全身放鬆；頭正，微上頂，頸部放鬆，唇齒微合，舌尖輕抵上齶；兩臂弧形環抱於胸前，手心朝裡，指尖相對，相距約10公分（一拳的距離），肩鬆肘沉；襠要開圓，腳踏實地，腳趾、腳外側、腳跟皆抓地，湧泉穴要虛，重心在兩腿之間。

[太極渾元椿]　　　　[側面動作]

●師父提醒●

　　身體下蹲和手臂鬆落的高度應根據自己身體放鬆程度的情況而定。如腿部受力太累難以放鬆，感覺影響心跳和呼吸頻率，則可以採取高站姿勢；肩部太緊，心氣難以下降，則可採取手臂下落至肚臍以下的輕鬆高度或乾脆兩手相疊合於丹田處。

（二）單鞭樁

　　頭自然正，虛領頂勁，二目平視，唇齒微合；立身中正，沉肘鬆肩，左手立掌，右手為鉤，兩手領勁；鬆胯屈膝，開襠貴圓，左腿為實，右腿為虛，左腳尖外擺，右腳尖內扣；意識集中，周身放鬆，氣沉丹田，降於湧泉。

[單鞭樁]

●師父提醒●

　　初練時功架適當高些，時間可從每次1分鐘逐步增長至3～5分鐘。主要感受鬆肩沉肘、周身放鬆、氣沉丹田、屈膝鬆胯、腳底有根等要求；對有意提高者，可在上述基礎上進一步感覺大開之中所內含的處處合勁以及脊背和襠腰間的感受。有歌訣云：

　　　　單鞭一式最為雄，一字長蛇畫西東；

　　　　擊首尾動精神貫，擊尾首動脈絡通。

　　　　當中一擊兩頭動，上下四旁扣如弓；

　　　　若問此勢妙何處，去尋脊背骨節中。

（三）懶紮衣樁

　　頭自然正，虛領頂勁；立身中正，右手立掌展開，左手叉腰，沉肘鬆肩；鬆胯屈膝，開襠貴圓，右腿為實，左腿為虛，右腳尖外擺，左腳尖內扣。其他要領同上。

[懶紮衣樁]

●師父提醒●

與單鞭樁的左實右虛相對，此式為右弓步。有歌訣云：

　　世人不識懶紮衣，左屈右伸抖神威；

　　伸中寓屈何人曉，屈中藏伸識者稀。

　　襠中分峙如劍閣，頭中中氣似旋機；

　　千變萬化由我運，下體兩足定根基。

（四）斜行樁

步子成斜步，重心在左腿，左腳尖朝前，右腳尖內扣；鬆胯屈膝，襠勁內扣，左胯放鬆使身體轉朝正前，兩臂伸開，左手鉤手，右手立掌，與步型交叉，成四隅角，目視前方。

[斜行樁]

●師父提醒●

單鞭、懶紮衣等式重點體會的是周身上下、左右的合勁。此式則是上下、左右、前後，處處開中寓合，可謂八面支撐。時間及感受上要領同上。歌訣云：

一氣旋轉自無停，乾坤正氣運鴻蒙；

學到有形歸無極，方知玄妙在天工。

第六節　基本行步動作解說

太極拳論中對步法的描述有「邁步如貓行」之說，顧名思義就是邁步時要像貓一樣輕靈、綿軟、鬆沉，行步無聲。要達到此效果，鬆腰、沉胯、保持屈膝是關鍵，其核心是「鬆」與「沉」。若將動作分解開來看就是，邁步時，承擔身體重量的那條腿逐漸下蹲，在緩慢的下蹲過程中將另一隻腳邁出，腳跟輕輕落地，慢慢地全腳掌著地。

初學者可從任意的起點開始練習，循序漸進，不斷增加練功的時間，動作可由慢到快，身法可由高到低，逐步提高練功的品質和效果。一般來講，行步每組以 5～10 分鐘為宜，一日內，可分時間、分組反覆練習。

（一）放鬆行步

1. 兩手下分，周身放鬆下沉；一腳站穩，提另一腳自然向前上步，落地時腳跟先著地。此動作為呼氣末端階段，即將由呼轉吸。

2. 兩手變手心向上，緩緩上升；兩腿間自然移重心換步，提腿時同樣先起腳跟。此動作為吸氣上升階段，兩手及周身皆有輕靈之感。

[放鬆行步1]　　　[放鬆行步2]

[放鬆行步3]　　　　[放鬆行步4]　　　　[放鬆行步5]

　　3. 兩手至頭頂上方，開始相合；雙腿仍然自然換步。此動作為吸氣末端，準備由吸轉呼。

　　4. 兩手變手心向下，自頭頂相合下按；周身隨呼氣向下鬆沉。此動作為呼氣下降階段，兩手、周身（尤其是支撐腿）都應有沉重穩健之感。

　　5. 繼續行走，身體姿勢回到起始動作，循環練習。

●師父提醒●

　　此功法意在透過這種簡單的行步放鬆方式，鍛鍊練習者手眼身法步的協調配合，並由動作、呼吸、意念三者間的配合，讓練習者初步瞭解陳氏太極拳的基本練功原則和內在的規律。初學者切記「周身自然放鬆」、「下盤屈膝鬆胯」、「上肢鬆肩沉肘」等基本要求，反之，則會出現頭重腳輕、周身僵硬等問題，以致心浮氣躁，使練功的興趣和感受蕩然無存。

（二）屈膝行步

[屈膝行步 1]

[屈膝行步 2]

[屈膝行步 3]

1. 屈膝鬆胯，氣沉腳跟；兩手叉腰，立身中正；周身放鬆，心氣下降。

2. 將重心移至右腿，左膝上領，將左腿自然提起。

3. 右腿屈膝，鬆胯，周身下沉；將左腿向前邁出，腳跟內側著地。

4. 左腳跟穩健落地後，借右腿蹬地之力，身體前移，重心移至左腿。

[屈膝行步 4]

[屈膝行步 5]　　　　　[屈膝行步 6]　　　　　[屈膝行步 7]

[屈膝行步 8]　　　　　　　　　[正面動作]

5. 重心完全移至左腿後，保持上身不動，右膝上領，將右腿提起。

6. 左腿進一步屈膝鬆胯，周身放鬆下沉；將右腿向前邁出，腳跟內側著地。

7. 左腿蹬地，身體前移，重心移至右腿。

8. 保持上身不動，左膝上領，將左腿提起。

●師父提醒●

相比「放鬆行步」而言，此功法對腿部要求更高，重在練習下盤根基。要做到「起步輕、落地穩」，「虛實分明」，「落地生根」。因此，練習時，務必始終保持屈膝鬆胯，這樣才有可能逐步做到上面的那些要求。切忌心浮氣躁，以免導致下面腳跟不穩，拖泥帶水；上面搖肩晃膀，前俯後仰。

第七節　纏絲勁練習動作解說

陳氏太極拳先輩陳鑫老先生說過：「太極拳，纏法也。」陳氏太極拳在練習過程中，要求每個拳勢動作，不論大小、快慢、開合，都要走螺旋式的運動形式，以「非圓即弧」、「處處走螺旋」的螺旋式纏絲運動方式進行。纏絲勁可促進氣血運行，疏通經絡，行氣活血，達到調整人體氣血平衡的健身目的。

練習時，一合一開為一拍，一般在每個動作單練時，練夠二八拍為1節，也可以反覆多練。

初學時，可對照文字和圖解細心揣摩，弄清動作運行路線；熟練後，再體會重心移動的盤旋路線，以及腰左右旋轉和手臂的順逆纏絲的轉換速度。只有這樣，才能由生到熟，由熟到順，逐步達到周身相隨，連綿不斷。

（一）單手正面纏絲（右手）

[單手正面纏絲（右手）1]

[單手正面纏絲（右手）2]

[單手正面纏絲（右手）3]

[單手正面纏絲（右手）4]

1. 兩腳開步成右弓步，右手上掤至右膝上方與肩平；左手叉腰，四指在前，拇指在後，目視右手，重心落在右腿上。

2. 鬆胯下沉，身體先微微右轉，右手下沉合住勁。

3. 身體向左轉，重心走後弧線移至左腿；同時右手畫弧下沉，裡合於小腹前，為順纏絲勁。

4. 鬆左胯，身體左轉，將右手帶至身體中線位置，掌心向上。

[單手正面纏絲(右手)5]

[單手正面纏絲(右手)6]

[單手正面纏絲(右手)7]

[單手正面纏絲(右手)8]

5～6. 身體繼續左轉，同時重心右移，右手向左上穿掌外翻至胸前，為逆纏絲勁。目視身體左前方。

7～8. 鬆右胯，身體右轉，右手逆纏外開至右膝上方與肩平，目視右手。

●師父提醒●

初學者先弄清楚動作的基本路線，說得直白點就是「比葫蘆畫瓢」，先把圈畫圓。待腿上逐漸有一定支撐力後，再體會重心移動的盤旋路線，以及腰左右旋轉和手臂順逆纏絲的轉換速度。

（二）單手正面纏絲（左手）

[單手正面纏絲（左手）1]

[單手正面纏絲（左手）2]

[單手正面纏絲（左手）3]

[單手正面纏絲（左手）4]

[單手正面纏絲(左手)5]

[單手正面纏絲(左手)6]

[單手正面纏絲(左手)7]

[單手正面纏絲(左手)8]

●師父提醒●

　　左右纏絲的動作要領相同，但動作方向相反。太極拳講究協調，右手纏絲練習完成後，需要單獨練習左手纏絲，以達到周身感受的平衡。整個動作一開一合為1拍，一般在每個動作單練時，練夠兩個8拍為1節。當然，打基礎階段，條件允許下，多多益善。

（三）雙手正面纏絲

[雙手正面纏絲1]

[雙手正面纏絲2]

[雙手正面纏絲3]

[雙手正面纏絲4]

1～2. 由單鞭起勢，身體微向左轉，右手順纏下沉於小腹前；左手變逆纏上掤，目視右前方。

3. 鬆左胯，身體繼續左轉，右手逆纏上穿外翻，左手變順纏下沉。

4. 重心右移，身體右轉；右手逆纏向右上掤，左手畫弧順纏裡合於小腹前，目視左前方。

5. 鬆右胯，身體繼續右轉，左手逆纏上穿外翻，右手變順纏下沉。

6～7. 重心左移，身體左轉；左手逆纏向右上掤，右手畫弧順纏裡合於小腹前。

[雙手正面纏絲5]

[雙手正面纏絲6]

[雙手正面纏絲7]

●師父提醒●

這樣反覆循環運轉，初練者先重點體會兩手間的轉換配合，儘快使動作自然、協調、連貫。隨時間日久，根基逐步增強後，將重點轉移至重心在兩腿間的移動以及襠腰旋轉上，使兩臂左右纏絲，周身協調一致。

（四）單手側面纏絲（右）

[單手側面纏絲(右)1]

[單手側面纏絲(右)2]

[單手側面纏絲(右)3]

[單手側面纏絲(右)4]

零基礎學正宗陳氏太極拳

106

[單手側面纏絲(右)5]

[單手側面纏絲(右)6]

1. 兩腳橫開成右弓步，右手掤至右膝上與肩平；左手叉腰，拇指在後，其餘四指在前，重心在右。

2. 身體右轉，右手逆纏畫弧外開至身體右側後方，眼看手。

3～4. 身體左轉，重心移至左腿，右手順纏裡合於右膝上方，眼順右手看右前下方。

5～6. 重心右移，身體略右轉，右手逆纏上掤至右膝上方。

●師父提醒●

　　練習此動作，需首先將兩腿紮穩。在此基礎上，初練者先注意將肩臂鬆開，以肩關節為圓心，手臂擺動時儘量舒展，畫圓。隨功力增長，再逐步體會重心在兩腿間的盤旋移動，鬆胯轉腰，從而以身領手。

（五）單手側面纏絲（左）

[單手側面纏絲(左)1]

[單手側面纏絲(左)2]

[單手側面纏絲(左)3]

[單手側面纏絲(左)4]

[單手側面纏絲(左)5]

[單手側面纏絲(左)6]

●師父提醒●

　　動作要領與右單手側面纏絲相同，方向相反。左右反覆練習，逐步實現「梢節領（手），中節隨（身），根節催（腳）」的理想狀態。

（六）後攔纏絲

[後攔纏絲1]

[後攔纏絲2]

[後攔纏絲3]

1. 兩腿成左弓步，右手置於胸前與肩平；左手合於左腰側、大腿部上方，目視前方。

2. 接上勢，身體微左轉，重心移至右腿；隨身體轉動，左手微上翻外掤，右手坐腕下沉。

3. 右手下沉、後攔至右腰間；左手先逆後順纏上翻，隨身體轉動上掤至身前；目視前方。

4. 接上勢，身體微右轉，重心移至左腿；隨身體轉動，右手微上翻外掤，左手坐腕下沉。

5～6. 身體開始變左轉，重心移至左腿；同時左手逆纏下履至腰間，右手先逆纏後攞變順纏上翻至身體右前方，目視前方。

[後攞纏絲4]

[後攞纏絲5]

[後攞纏絲6]

●師父提醒●
　　初學時先把重心移動、身體轉動和兩手的交替擺動等動作和順序搞清楚。進而，不斷深入，逐步感受以身領手的眞正內涵，以及「以腰催肩，以肩催肘，再達手」的內在過程。注意在後(攞)轉折上翻時切勿挑肩。練習者應循環往返，反覆練習。

（七）雙手前後纏絲

[雙手前後纏絲1]

[雙手前後纏絲2]

[雙手前後纏絲3]

[雙手前後纏絲4]

1. 先立正成預備姿勢，然後提左腿向前上步，兩手左順右逆纏絲，向前畫弧上掤後攦，目視前方。

2. 體右轉，兩手後攦，重心保持在右腿不動。

3～4. 重心走後弧線左移至左腿，身體左轉，兩手走下弧左逆右順纏向前掤。

[雙手前後纏絲5]

[雙手前後纏絲6]

[雙手前後纏絲7]

[雙手前後纏絲8]

5～6. 重心後移，身體右轉，兩手右逆左順纏向上後攦。如此循環往復即可。

7～12. 進而，換成右腿在前，左腿在後，左右調換，方法同上。練時重點體會以襠腰為軸旋轉，帶動兩臂纏絲，以身領手，以意導氣。

[雙手前後纏絲 9]　　　　　　　　[雙手前後纏絲 10]

[雙手前後纏絲 11]　　　　　　　　[雙手前後纏絲 12]

●師父提醒●

　　練習完一邊之後，轉變方向反覆練習以上動作，一前一後為1拍，一組練兩個8拍。初學時，先儘快做到姿勢正確，動作到位。待到有一定的根基、身法後，練習時，可將腳跟紮穩，周身放鬆，用心感受，自可逐漸體會此功法所帶來的「如環無端」、「生生不息」等美妙感受。

第八節 步法練習

　　步法是太極拳運動的基礎。練習太極拳要求身體內外、上下協調一致。初學者往往記住了手的動作，卻忘了身、腰或腳步的形狀、動態；照顧了上體正直、重心穩定，手法的過程又未能模仿好，因而出現顧此失彼的情況。

　　在太極拳套路中，步法是關鍵，應先將步法練熟。掌握了一定的行走規律，再配合身法、手法的學習，無論對教學者或學習者都將會事半功倍。步法練習是按照一定的方式、方法和程式使雙腳交替運動，從一種步型轉變為另一種步型，從而掌握進、退、中定、轉換方位等多種技法。有了這種練習，立根在腳、邁步如貓行才有確實的可能性。

（一）左開步

　　1. 兩腳併立，成立正姿勢；繼而雙手叉腰，微微屈膝鬆胯；周身自然放鬆，呼氣下沉。

[左開步1]

[左開步2]　　　　　　　　[左開步3]

[左開步4]　　　　　　　　[左開步5]

　　2～3. 重心移至右腿，鬆胯下沉；提左腿向左側開步，左腳腳跟內側著地，腳尖上蹺裡合。

　　4～5. 重心左移至左腿，隨後收右腿與左腿形成併步。

●師父提醒●

　　這個動作可以循環練習，注意動作的標準，整個動作中都需要屈膝鬆胯，同時保持身體的豎直中正。

（二）右開步

[右開步1]

[右開步2]

1～4. 右開步動作要領與左開步完全相同，但開步方向相反，注意提右膝開步。

[右開步3]

[右開步4]

●師父提醒●

注意，動作要領是先提膝再開步，不要直接開步。同時注意：由屈膝鬆胯，將身上的勁都沉到腳上，注意力也集中在腿腳上；上身及兩手臂務必保持自然、放鬆。

（三）插　步

1. 兩腳併立，成立正姿勢；繼而雙手叉腰，微微屈膝鬆胯；周身自然放鬆，呼氣下沉。

2～4. 重心移至右腿，鬆胯下沉；提左腿向左側開步，左腳腳跟內側著地，腳尖上蹺裡合。

5～6. 重心左移至左腿，隨後提右腿插於左腿左後方形成叉步。

[插步1]

7～9. 重心移至右腿；提左腿再向左側開步，腳跟內側鏟地滑出，腳尖上蹺裡合。

[插步2]　　　　　[插步3]　　　　　[插步4]

[插步5] [插步6]

[插步7] [插步8] [插步9]

●師父提醒●

　　這個動作可以反覆練習，可以向右插步完成後向左插步。
也可以左右結合，反覆練習。

（四）蓋　步

[蓋步1]

[蓋步2]

[蓋步3]

[蓋步4]

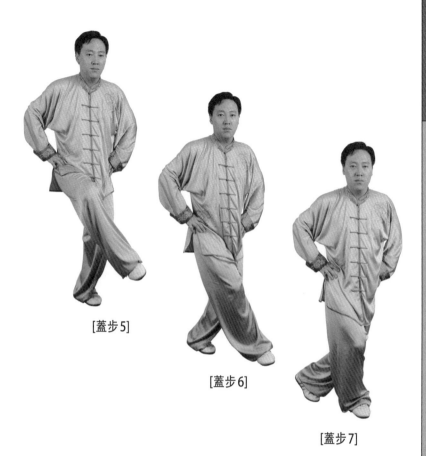

[蓋步5]

[蓋步6]

[蓋步7]

1～7. 蓋步的動作要求和要領與插步基本相同，唯一不同的是，收腳時將向支撐腿後方的插步變為向支撐腿前側蓋步。

●師父提醒●

　　與插步相同，這個動作也可以左右方向反覆練習。但與插步不同的是：插步是腳尖外側先著地，蓋步則是腳跟外側先著地。不過，隨後在重心移動，將腳掌逐漸踏平的過程中，二者卻又有了相似的感受，練習時自可體會。

（五）前進步

1. 兩腳併立，成立正姿勢；繼而雙手叉腰，微微屈膝鬆胯；周身自然放鬆，呼氣下沉。

2～3. 重心移至右腿，鬆胯下沉；提左膝向左前方開步，腳跟內側著地，重心保持在右腿。

[前進步1]

[前進步2]

[前進步3]

[前進步4]

[前進步5]

[前進步6]

[前進步7]

4. 重心前移至左腿，保持上身的平衡穩定。

5～6. 右膝上領，提右腿向右前方開步，腳跟內側著地，重心保持在左腿。

7. 重心前移至右腿，保持立身中正。

●師父提醒●

一左一右，反覆練習。可按直線往返或圓周方式循環往復練習。

（六）後退步

[後退步1]

[後退步2]

[後退步3]

　　1. 兩腳併立，成立正姿勢；繼而雙手叉腰，微微屈膝鬆胯；周身自然放鬆，呼氣下沉。

　　2～3. 重心移至右腿，鬆胯下沉；提左腿向左後方開步，腳尖內側著地，重心保持在右腿。

[後退步4]　　　　　　　　[後退步5]

4～5. 重心後移至左腿；再提右腿向右後方開步，腳尖內側著地，重心保持在左腿。

●師父提醒●

一左一右，交替往復。同樣，可按直線往返或圓周方式循環往復練習。

第九節　基礎單招動作解說

太極拳，很多人將其理解為一種套路的拳法，其實不然。太極拳的套路是由基礎的單招組成，練習好每個單招，才能更好地練習套路動作。無論是初習者還是已經有一定功底的太極拳愛好者，平時都應注重基礎單招的練習。

（一）右單雲手

[右單雲手1]

[右單雲手2]

[右單雲手3]

[右單雲手4]

[右單雲手5]

1.身體立正站立，左手叉腰，右手向右側展開，掌心向右前方；鬆肩沉肘，目視前方。

2～3.身體微左轉，重心移至左腿，提右腿向右側開步；同時左手順纏走下弧裡合，目視右前方。

4～5.身體微右轉，重心移至右腿，提左腿收於右腿內側成併步；同時右手裡合向上外翻逆纏向右開，目視右前方。

●師父提醒●

在練習時應特別注意上下相隨、內外相合，初學者最易形成水蛇腰，即腰部左右扭動而不能上下相隨。

（二）左單雲手

[左單雲手1]　　[左單雲手2]　　[左單雲手3]

[左單雲手4]

[左單雲手5]

1～5. 動作要領與右單雲手相同，方向相反。

●師父提醒●

　　與右手配合起來，就構成了陳氏太極拳側開步的主要方式練習組合。此式主要是練習手合腿開、手開腳合以及上引下進的整體身法，可根據場地反覆練習。

（三）雙手併步雲手

1. 重心落於右腿，左腳虛步前點；右手上掤至身體右前側，左手合於腹前；全身放鬆，眼平視前方。

2～3. 鬆右胯，提左腿向左開步，腳跟著地，腳尖上翹；雙手同時向外加掤勁。

[雙手併步雲手1]

[雙手併步雲手2]

[雙手併步雲手3]

[雙手併步雲手4]　　　　　　　　[雙手併步雲手5]

[雙手併步雲手6]　　　　　　　　[雙手併步雲手7]

4～5. 重心移至左腿，身體微左轉，右腳併步於左腳內側；同時左手逆纏畫弧外翻上掤，右手變順纏走下弧合於腹前，眼隨手動。

6～13. 如此開一步並一步，再配合雙手順逆纏絲，能練習周身上下相隨的能力。

[雙手併步雲手8]

[雙手併步雲手9]

[雙手併步雲手10]

[雙手併步雲手11]

●師父提醒●

　　步法要求輕靈自然，左右方向反覆練習（見組圖）。需變換左右行進方向時，只需把最後一步的併步變作腳尖前點的虛步（如圖7、圖13所示），即可隨時變化。

[雙手併步雲手12]

[雙手併步雲手13]

（四）雙手插步雲手

[雙手插步雲手1]

[雙手插步雲手2]

[雙手插步雲手3]　　　　　　[雙手插步雲手4]

[雙手插步雲手5]　　　　　　[雙手插步雲手6]

　　1～10. 雙手插步雲手是在雙手併步雲手的基礎上，將收腳時的併步變為向支撐腿後側的插步；其他動作要求和要領與上述併步雲手完全相同。如此開一步，插一步，同樣可以左右方向反覆練習。

[雙手插步雲手7]　　　　　　　　[雙手插步雲手8]

[雙手插步雲手9]　　　　　　　　[雙手插步雲手10]

●師父提醒●

　　此練習方法，除了進一步練習周身上下相隨、協調一致的能力外，更增加了步法的靈活性，為下一步更為複雜的「插步加轉身」的練習奠定了基礎。

（五）雙手蓋步雲手

[雙手蓋步雲手1]

[雙手蓋步雲手2]

[雙手蓋步雲手3]

[雙手蓋步雲手4]

[雙手蓋步雲手5]

[雙手蓋步雲手6]

[雙手蓋步雲手7]

[雙手蓋步雲手8]

[雙手蓋步雲手9]　　　　　　　　　[雙手蓋步雲手10]

1～10. 雙手蓋步雲手是在雙手併步雲手的基礎上，將收腳時的併步變為向支撐腿前側的蓋步；其他動作要求和要領與上述併步雲手完全相同。如此開一步，蓋一步，同樣可以左右方向反覆練習。

●師父提醒●

相對向後插步是為了靈活轉身而言，向前蓋步則是為了起腿進行攻擊，因此蓋步正是為起腿打掩護，有一定的隱蔽性。當然，這些都是以虛實分明、穩定而又靈活的下盤為基礎的，而這也正是我們將這些練習方式作為基本功訓練的目的所在。

（六）雙手插步雲手加轉身

[雙手插步雲手加轉身1]

[雙手插步雲手加轉身2]

[雙手插步雲手加轉身3]

1～3. 在雙手插步雲手的基礎上，可增加轉身動作。如圖例，當身體向左移動，右腳已完成插步動作後，可迅速鬆胯下沉，右腳以腳尖為軸、左腳以腳跟為軸，身體自右側向後轉180°；同時，雙手坐腕翻掌，隨身體轉動成攔勁；轉至背面後，雙腳迅速踏平，重心仍保持在左腿，周身放鬆下沉，穩定重心。

[雙手插步雲手加轉身4]

[雙手插步雲手加轉身5]

[雙手插步雲手加轉身6]

4～6. 同理，再從背面看一下左插步轉身。如圖例，當身體向右移動，左腳已完成插步動作後，可迅速鬆胯下沉，左腳以腳尖為軸、右腳以腳跟為軸，身體自左側向後轉180°；同時，雙手坐腕翻掌，隨身體轉動成擺勁；轉至正面後，雙腳迅速踏平，重心仍保持在右腿，周身放鬆下沉，穩定重心。

●師父提醒●

待動作熟練到一定程度，且下盤有一定根基後，做此動作練習時，可隨時隨地進行變化，左右前後，隨心所欲。但切記，不管動作快還是慢，輕靈還是沉穩，都要力爭做到快而不亂，慢而不散，上下相隨，周身一體。

（七）前趟拗步

[前趟拗步 1]　　[前趟拗步 2]　　[前趟拗步 3]

[前趟拗步 4]　　[前趟拗步 5]

[前趟拗步6]　　　　[前趟拗步7]　　　　[前趟拗步8]

1.成左虛步，兩手立掌合於胸前，左手在上，右手在下；左手在前，右手在後。

2.雙手下擺走後弧，同時提左膝。

3.雙手走上弧，左腿向左前方上步。

4.重心前移，左手前推，右手合於右肩上方。

5.接上勢，提右膝向右前方上步。

6.重心前移，右掌走上弧向前推出，左掌走下弧放於左胯外側。

7～8.一左一右，可按直線往返或走圈等方式反覆練習。

●師父提醒●

定勢時由雙肩、肘的放鬆下沉帶動全身的放鬆。心氣下降，肩與胯合，肘與膝合，手與足合，襠勁合好，頂勁領起。

（八）倒捲肱

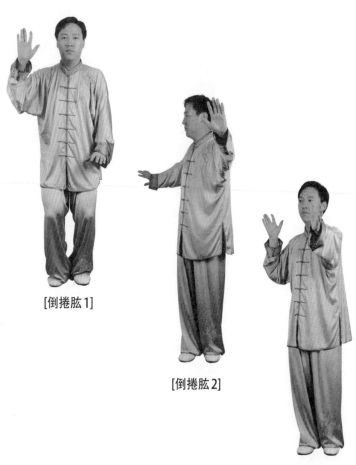

[倒捲肱 1]

[倒捲肱 2]

[倒捲肱 3]

1. 兩腳併立，目視前方；右手合於右腰間，左手手心朝前推出，沉肘鬆肩。

2～3. 身體右轉，左手前領，右手下攦上翻；身體左轉，兩手由開轉合，右手蓄於右肩上方，重心移至右腿。

[倒捲肱 4]　　　　[倒捲肱 5]　　　　[倒捲肱 6]

[倒捲肱 7]　　　　　　　[倒捲肱 8]

　　4～6. 提左腿，腳尖著地，向內畫弧後退；同時左手逆纏向下畫弧，順左腿後攦，右手下沉前推；重心在右腿。

　　7～8. 重心移至左腿，兩手隨重心移動先開後合，右手收於胸前，左手蓄在左耳下。

[倒捲肱9]   [倒捲肱10]

[倒捲肱11]

    9～11. 提右腿，腳尖著地，向內側畫弧後退；同時右手逆纏向下畫弧隨右腿後攦，左手下沉前推；重心保持在左腿。

    12～14. 按照上述要求和方法，一左一右，反覆練習。

[倒捲肱 12]

[倒捲肱 13]

[倒捲肱 14]

●師父提醒●

　　此動作練習的次數可根據場地靈活掌握。練習退步時，注意身體的上下配合、兩腿間的虛實轉換、兩手間的陰陽開合都需結合周身，方能順遂、自然，練習時當用心體會，細細揣摩。

（九）左側前進步

[左側前進步 1]

[左側前進步 2]

[左側前進步 3]

[左側前進步 4]

[左側前進步5]　　　　　[左側前進步6]

1. 立正。周身放鬆，意守丹田，目視前方。

2～4. 右腳尖外擺75°，重心移至右腿，兩手同時自下而上、左順右逆向前上畫弧後攦，提左腿向左前方上步，腳跟內側著地，腳尖上蹺裡合。

5～6. 重心移至左腿，同時雙手變左逆右順纏走下弧向前掤；隨雙手的前移，右腳跟步與左腳並齊，目視前方；再上步後攦，反覆練習。

●師父提醒●

此動作同樣是以練習手腳配合、周身相隨為主要目的。

（十）右側前進步

[右側前進步1]

[右側前進步2]

[右側前進步3]

1～6. 此動作要領與左側前進步相同，但注意練習方向相反。

[右側前進步4]

[右側前進步5]

[右側前進步6]

●師父提醒●

　　做此動作時，注意體內纏絲勁的運轉。可根據場地，左右
結合，反覆練習。

（十一）收　勢

[收勢 2]

[收勢 1]

1. 兩手左右下分，身微下沉，屈膝鬆胯，目視前方。注意切勿彎腰，此動作先吸氣後呼氣。

2. 兩手同時各向左右畫外弧，向上合於兩肩前。保持目視前方。注意兩手上升，鬆肩沉肘，胸腹背肌肉鬆弛下沉。此動作吸氣。

●師父提醒●

一招一式，氣由丹田發起，內走五臟百骸，外走肌膚毫毛，運行一周仍歸丹田。

[收勢4]

[收勢5]

3～5. 兩手順身體兩側緩緩下按於兩大腿外側；目視前方。注意兩手下按時呼氣，周身放鬆，氣歸丹田，意形歸原。

[收勢3]

6. 身體慢慢立起，恢復自然站立姿勢；右腳收於左腳內側；兩手掌心朝內，合於兩大腿外側；目視前方。

●師父提醒●

　　此功法在所有功法動作、套路結束之後都能使用，是陳氏太極拳主要的收功功法。其用意在於透過動作、呼吸、意念三者的完美結合，將剛剛練功所收穫之氣感收至丹田，儲藏起來。對此動作，已獲氣感者自然知道其重要性；對初學者，亦當認真對待，用心感受，必有所獲。

[收勢6]

第四章

陳氏太極拳基礎套路：

六手四象功

學習完太極拳基礎功法之後，一定不能不學太極拳的基礎套路，只有由套路動作實踐中的心得體會，才能更加瞭解太極拳，才能更深刻瞭解太極拳中的陰陽轉化。

練習這套六手四象功時，注意體會身體的『鬆』和『柔』，虛領頂勁，立身中正，鬆肩沉肘，含胸塌腰，呼吸自然，鬆胯屈膝，外走弧形，內勁螺旋，虛實分明。

第一節　太極拳套路的介紹

太極拳拳架的練習要求動中求靜，靜中有動，即雖動而靜，視動猶靜。待練習者的拳式動作純熟、通順、連貫、協調以後，要學會平心靜氣地用意運氣，輕輕開始，慢慢運行，默默停止。

靜心想著陰陽開合，靜心聽著天機流動，靜心看著浩氣流轉，讓全身上下渾然不覺，四肢百骸蕩然無存。「不知身之為我，我之為身」，只有心中一片覺明景象，才能逐漸達到「始於無形、歸於無跡」的太極太和之原象。

太極拳功夫包括兩個方面，一是祛病延年的養生功夫，一是強身防身的技擊功夫，二者統一方能顯出太極拳的功效。太極拳之所以有顯著的養生功效，究其原因就在於貫穿始終的心神虛靜。

在進行套路練習時，要集中精神，心靜神寧，祛除雜念，全神貫注於「陰陽自然開合，天機自然運行」之中，讓自己逐漸達到練功入靜、動中有靜的效果。要是能做到這點，將會越練越虛靜，物我兩忘，一片神寧，大腦能得到充分的休息，還能消除疲勞、益智補腦；中樞神經系統能得到更好的調節，血液循環、新陳代謝的能力得到提高，從而較好地調整臟腑機能，調節生理功能至最佳狀態，增強體質，有病則除，無病強身，延年益壽。

●六手四象功初窺

　「陳氏太極拳六手四象功」是由傳統的老架一路套路
裡前五個起始動作加上最後的收勢構成的小套路，由太極
起勢、金剛搗碓、懶紮衣、六封四閉、單鞭、收勢等六個
動作組成。其中，中間四個動作需前、後、左、右四個方
向各打一遍，完整演練需大約5分鐘時間。

　相比較傳統太極拳套路動輒幾十上百個動作而言，此
套路無比短小精悍，便於對初學者的普及推廣。整個套
路，初步學習（以能做基本架勢為標準）一兩個小時即
可。但與此同時，初學者自己就能感覺到太極拳的博大精
深，比畫出樣子不難，想一步做到位卻是毫無可能。

　其中，金剛搗碓、懶紮衣、六封四閉、單鞭等都是陳
氏太極拳的典型性代表動作。練習者透過對上述動作的反
覆練習，可逐步感受陳氏太極拳對周身各部位的要求，並
初步掌握陳氏太極拳的運行軌跡和運動規律，為今後更深
入的學習奠定良好的基礎。

第二節　套路動作演示

　　需要注意的是，在練習太極拳套路時，可以先不管每個招式後面師傅提醒中指點的力道運轉，應先將套路的動作要領掌握純熟後，再結合體內勁道運轉練習。

　　「拳無定拳，法無定法」，注意太極拳的動作並不一定要完全做到圖中所示的效果，應根據每個人自身的身體條件來進行，動作要領正確即可。

（一）起　勢

[起勢1]

　　1. 兩腳併立，成立正姿勢；兩臂下垂於身體兩側，手心向內；頭自然正，唇齒微合，舌尖輕抵上齶，二目平視。

　　2. 屈膝鬆胯，放鬆下沉，提左腳向左橫開一步，比兩肩略寬；腳尖微外擺，腳趾、腳掌外緣、腳後跟皆要抓地；湧泉穴要虛，含胸塌腰，鬆肩沉肘，立身中正；頭自然正，虛領頂勁，二目平視。

　　3. 兩手緩緩上升與肩平，手心向下，鬆肩沉肘；隨兩手上升，身體慢慢下降，屈膝鬆胯，兩腳踏實，二目平視。

　　4. 身體繼續下沉，屈膝鬆胯，兩手隨身體下按至腹前，手心向下，二目平視。

●師父提醒●

橫開步時，重心先移到右腿，提左腳開步，腳尖先著地，慢慢踏平。周身放鬆，氣沉丹田，降於湧泉，屈膝鬆胯，下沉時呼氣。此時腦空心靜，思想高度集中，心中無一所念，渾然如一片無極景象。

[起勢2]

●師父提醒●

當兩手上升，身體下降時，胸、背、肋、腹各部肌肉均要鬆弛下沉，促使心氣下降，切忌肩上聳，橫氣填胸。此動作吸氣。

[起勢3]

●師父提醒●

兩手下按時，要立身中正，切忌彎腰突臀，襠部要鬆、虛、活。下蹲時，如坐凳子一樣。此動作呼氣。

[起勢4]

（二）金剛搗碓

[金剛搗碓 1]

上掤轉體時，要結合襠腰勁，鬆胯塌腰，勁貫手掌。此動作吸氣。

1. 接上勢，身體微向左轉，重心右移，兩手左逆纏右順纏，走弧線向左前上方掤出，左手掤至左膝上方與肩平，手心朝外，右手掤至胸前中線，手心朝上，目視前方。

2～3. 身體右轉90°，重心由右移到左腿，右腳尖外擺，兩手左順右逆纏向右後攔，目視左前方。此動作呼氣。

[金剛搗碓 2]

[金剛搗碓 3]

零基礎學正宗陳氏太極拳

4～5. 重心移至右腿，左腿提起，裡合扣襠，屈膝鬆胯，身體下沉且微向右轉，兩手上掤，目視左前方。

●師父提醒●

左腿上提，身體下沉，上下相合。切忌彎腰突臀。此動作吸氣。

[金剛搗碓4]

[金剛搗碓5]

[金剛搗碓6]

6. 左腳跟內側著地，向左前方鏟地滑出，腳尖上蹺裡合，重心在右腿；兩手繼續向右後上方加掤勁，目視左前方。

●師父提醒●

向前開步時，身法要端正，左腳向左前開步，兩手向右上掤，形成對稱。此動作呼氣。

7～8. 重心由右腿移到左腿，左腳尖外擺踏平。身體隨重心移動向左轉45°，兩手左逆右順纏，走下弧向前掤，左手掤至胸前，手心朝下；右手下沉至左膝內上方，手心朝外，指尖朝後，目視前方。

[金剛搗碓7]

[金剛搗碓8]

●師父提醒●

轉身，移重心，手前掤要協調一致。塌腰旋襠，襠走下弧向前。左臂保持半圓，掤勁不丟；右臂切勿夾肘，與身體要有一定距離。左膝與左腳跟上下對照，右腿屈膝鬆胯，保持襠勁圓活。此動作先吸氣後呼氣。

9. 左手向前撩掌，向上再向內環繞合於胸前右小臂內側；右手領右腳弧線向前上托掌於右胸前與左手相合，左手心朝下。右腳經左腳內側向前上步，腳尖點地，重心在左腿，目視前方。

10. 左手順纏外翻下沉於腹前，手心朝上；右手握拳下沉落於左掌心內，拳心朝上，目視前方。

11. 接上勢，右拳逆纏向上提起，與右肩平，左腿屈膝鬆胯，提起右腿旋於襠內，腳尖自然下垂，目視前方。

12. 右腳震腳落地，腳掌踏平，兩腳間距約與肩同寬；右拳順纏下落於左掌心，兩臂撐圓，目視前方。

零基礎學正宗陳氏太極拳

●師父提醒●

上步時，要屈膝鬆胯，輕靈自然，穩重，兩手與身體有上下相合之意。此動作吸氣。

●師父提醒●

兩手與身體間距8～10公分，有圓掤之感；隨落拳腰勁下沉。此動作呼氣。

[金剛搗碓9]

[金剛搗碓10]

●師父提醒●

提腿時，身體要下沉，有上下相合之意。提拳時，要鬆肩沉肘，促使內氣下降，支撐要穩。此動作吸氣。

[金剛搗碓11]

●師父提醒●

右拳、右腳同時下沉，震腳發勁，屈膝鬆胯，氣沉丹田。此動作呼氣。

[金剛搗碓12]

（三）懶紮衣

[懶紮衣1]

[懶紮衣2]

●師父提醒●

　右拳變掌上掤時，先塌腰旋轉，以身催手，弧線上掤，與左手下按配合，形成開勁。此動作吸氣。

　　1～2. 身體微左轉，重心右移；右拳變掌，逆纏上掤於頭右側，左手逆纏下按至左胯側。

　　3～5. 兩手由雙逆纏變雙順纏畫弧交叉於胸前，左手合於右臂內，手心朝外，右手心朝上；重心移至左腿，提右腿向右側橫開一大步，腳跟內側著地，腳尖上蹺裡合，目視身體右前方。

[懶紮衣3]

零基礎學正宗陳氏太極拳

[懶紮衣4]　　　　　　　　　　[懶紮衣5]

●師父提醒●

手合腳開，同時進行並協同一致，手到腳到，開步要輕靈自然。此動作呼氣。

[懶紮衣6]

6.身體左轉，重心右移，右手順纏上掤。

●師父提醒●

移重心時，襠腰走後圓弧，左肘掤勁不丟，右腋不能夾死，右圓虛之感。此動作吸氣。

163

[懶紮衣7]

[懶紮衣8]

　　7～8. 接上勢，身體向右轉，右手逆纏外開至右膝上方，鬆肩沉肘，略變順纏，指尖高與眼平；左手順纏經腹前至身體左側，變逆纏叉腰，四指在前，拇指在後；重心在右腿，眼隨右手轉視前方。

●師父提醒●

　　開右手時，以腰催肩，勁到鬆肩，以肩催肘，勁到沉肘，略坐腕，勁貫於指尖。鬆胯塌腰，開襠貴圓，右實左虛，立身中正，舒展大方。右膝與腳跟上下對照，不能前傾、後倒、外撇；左腿挺而不直，膝微屈，腳尖內扣。此勢繼續呼氣。

（四）六封四閉

[六封四閉1]

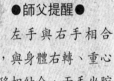

●師父提醒●

　　左手與右手相合時，與身體右轉、重心右移相結合，兩手坐腕接勁。此動作吸氣。

[六封四閉2]

　　1～2. 接上勢，身體右轉，重心略右移，左手從腰間走上弧與右手相合；右手略前引下沉，目視右手中指指端。

165

3～4. 身體左轉，重心左移，兩手左逆右順纏，自右而下向左攦，目視右前方。

[六封四閉3]

●師父提醒●

下攦時，重心下沉，塌腰，兩手合勁不丟，加外掤勁。此動作吸氣。

[六封四閉4]

5. 身體繼續左轉，兩手繼續左逆右順纏，向左後上方攦，重心右移，目視左前方。

●師父提醒●

變上攦時，兩手不能偏後，右臂勁不能丟。此動作吸氣。

[六封四閉5]

[六封四閉6]

●師父提醒●

在由攦變按時，兩手下攦上合，均由襠腰左移右旋，鬆肩沉肘，旋腕轉膀，使勁不丟不頂，圓轉自如，轉折順遂。此動作吸氣。

[六封四閉8]

●師父提醒●

雙手下按時，要鬆胯塌腰，鬆肩沉肘，兩手合力隨身體下沉前要協調一致。此動作呼氣。

[六封四閉7]

6. 上動不停，重心繼續右移，兩手變左順右逆纏向上畫弧，合於左肩時，身體略右轉，目視右前方。

7～8. 重心不變，身體微向右轉下沉，兩手合力走弧線向右前下方按，左腳收於右腳內側20公分處，腳尖點地。目視右前下方。

167

●師父提醒●

　　兩手旋轉時要圓活，不能有抽扯之型。此動作吸氣。

[單鞭1]　　　　　[單鞭2]

●師父提醒●

　　右手變鉤手上提時，隨身體旋轉，塌腰，鬆肩，沉肘，以腰為軸，節節貫穿。此動作為開，呼氣。

[單鞭3]　　　　　　　　　　　[單鞭4]

●師父提醒●

右腿支撐重心，上下相合，切忌彎腰突臀。此動作為合，吸氣。

[單鞭5]

●師父提醒●

立身中正，掤勁不丟。此動作為開，呼氣。

[單鞭6]

1～2. 接上勢，身體微右轉，兩手雙順纏，左前右後旋轉，手心朝上。重心在右，左腿以腳尖為軸，膝隨身轉裡合，目視兩手。

3～4. 身體左轉，重心在右，左腿以前腳掌著地，膝隨身轉外擺；右手逆纏，五指合攏變鉤手，走弧線，腕向上提與肩平；左手心朝上，隨身轉下沉於腹前，左肘掤勁不丟。

5. 身體右轉，重心全移於右腿，左腿屈膝提起，左膝內扣；右手腕領勁，左手不動，鬆肩沉肘，上下相合，目視左前方。

6. 右腿支撐重心，左腳跟內側著地，向左鏟地滑出，腳尖上蹺裡合；右手腕領勁，左手下沉合勁，目視左前方。

●師父提醒●

移重心時，襠走外下弧線，旋轉移動，左膝不能超過左腳尖。

[單鞭7]

7. 身體微左轉，重心左移，成左弓步。

●師父提醒●

左手外翻時，不能挑肩架肘。此動作吸氣。

[單鞭8]

8. 身體右轉，重心右移；左手穿掌上行，逆纏外翻至右胸前，目視前方，瞟視左手。

[單鞭9]　　　　　　　　[單鞭10]

9～10. 身體微左轉，左手逆纏外開至左膝上變順纏放鬆下沉；目隨左手送至體側後，再轉視正前方。

●師父提醒●

　　左腳尖外擺，右腳尖內扣，鬆胯屈膝，立身中正，虛領頂勁，鬆肩沉肘，兩臂與兩腿有上下相合之意。此動作為外開內合，呼氣。

[單鞭11]

11. 身體微左轉，帶動右手走下弧至身體中線，與左手相合。

●師父提醒●

　　鬆胯轉腰，以身領手。此動作為單鞭接金剛搗碓過度動作，拳法運行方向向左。

12～13. 重心右移，身體右轉，兩手相合，走上弧後攦，左手至身體中線，右手至右膝上方。

[單鞭 12]

●師父提醒●

　重心右移時，襠走後弧，兩手順勢畫小圈翻轉變向，含「欲右先左」之意。

[單鞭 13]

14. 鬆胯下沉，重心進一步沉於右腿，身體左轉，左腳尖外擺；兩手隨身體的下沉左轉，蓄勢前掤。

[單鞭 14]

　　轉身、移重心、手前掤
要協調一致。塌腰旋襠，襠
走下弧向前。左臂保持半
圓，掤勁不丟；右臂切勿夾
肘，與身體要有一定距離。
左膝與左腳跟上下對照，右
腿屈膝鬆胯，保持襠勁圓
活。此動作先吸氣後呼氣。

[單鞭15]

　　15. 左腳尖外擺踏平，重心由右腿移到左腿。身體隨重心移
動向左轉45°，兩手左逆右順纏，走下弧向前掤，左手掤至胸前，
手心朝下；右手下沉至左膝內上方，手心朝外，指尖朝後，目視
前方。

　　16. 左手向前撩掌，向上再向內
環繞合於胸前右小臂內側；右手領右
腳弧線向前上托掌於右胸前與左手相
合，左手心朝下。右腳經左腳內側向
前上步，腳尖點地，重心在左腿，目
視前方。

●師父提醒●
　　上步時，要屈膝鬆胯，輕靈自
然，穩重，兩手與身體有上下相合
之意。此動作吸氣。

[單鞭16]

四
象
功
之
二

[金剛搗碓]　　　　　[懶紮衣]

[六封四閉]　　　　　[單鞭]

以上動作要求皆與前述相同，只是動作面向身體右側完成。

●師父提醒●

　　以上四張為前述金剛搗碓、懶紮衣、六封四閉、單鞭的定式動作右側側面圖，其動作要領與前述動作相同，在此不一一贅述。

零基礎學正宗陳氏太極拳

四象功之三

[金剛搗碓]

[懶紮衣]

[六封四閉]

[單鞭]

　　動作要領與之前一致，只是動作是面向體後完成；動作完成之後，由背向單鞭動作轉為身體右側的金剛搗碓動作。

●師父提醒●

　　以上四張為前述金剛搗碓、懶紮衣、六封四閉、單鞭的定式動作背面圖，其動作要領與前述動作相同，在此不一一贅述。

[金剛搗碓]　　　　　[懶紮衣]

[六封四閉]　　　　　[單鞭]

動作要領與之前一致，只是動作面向身體左側完成。

●師父提醒●

　　以上四張為前述金剛搗碓、懶紮衣、六封四閉、單鞭的定式動作左側側面圖，其動作要領與前述動作相同，在此不一一贅述。

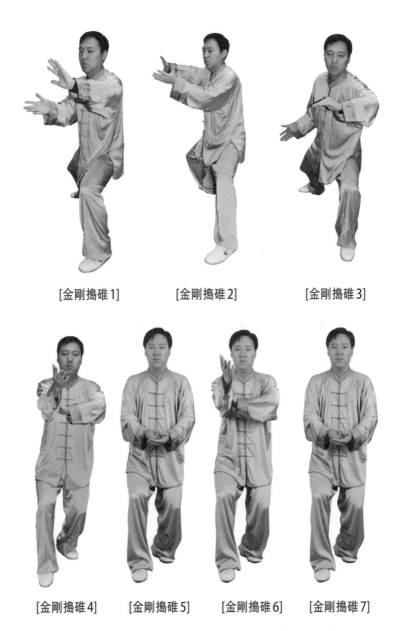

[金剛搗碓 1]　　　　　[金剛搗碓 2]　　　　　[金剛搗碓 3]

[金剛搗碓 4]　　[金剛搗碓 5]　　[金剛搗碓 6]　　[金剛搗碓 7]

　　1～7. 此動作為身體右側單鞭動作轉換至體前金剛搗碓動作全過程，動作要領與金剛搗碓一式相同，在此不一一贅述。

●師父提醒●

　　本套六手四象功夫包含收勢在內的六個基本動作，其中金剛搗碓、懶紮衣、六封四閉和單鞭，這四個動作可以在練習過程中，在四個方位反覆循環練習。

（六）收　勢

　　1.接上勢。右拳變掌，兩手向左右下分，身微下沉，屈膝鬆胯，目視前方。

●師父提醒●

　　切勿彎腰。此動作先吸氣後呼氣。

[收勢 1]

　　2.兩手同時各向左右畫外弧，向上合於兩肩前；目視前方。

●師父提醒●

　　兩手上升，鬆肩沉肘，胸腹背肌肉鬆弛下沉。此動作吸氣。

[收勢 2]

[收勢 2]

[收勢 3]

[收勢 4]

3～5. 目視前方，兩手順身體兩側緩緩下按於兩大腿外側。

●師父提醒●

兩手下按，呼氣，周身放鬆，氣歸丹田，意形歸原。

[收勢 5]

6. 身體慢慢立起，恢復自然站立姿勢。右腳收於左腳內側併立；兩手掌心朝內，合於兩大腿外側；目視前方。

●師父提醒●

一套拳練完，心氣平和，自始至終，一氣呵成。一招一式，氣由丹田發起，內走五臟百骸，外走肌膚毫毛，運行一周仍歸丹田，如長江之水滔滔不絕，有來源有去路循環不已，如環無端。

附錄

第一節　陳氏太極拳的傳說故事

陳家溝是陳氏太極拳的起源地。至今在陳家溝還流傳著很多關於陳氏太極拳的故事，在閑下來的時候，人們總會聚集在一起，欣然談起。

（一）陳卜：獨闖縣衙救貧女

話說明朝洪武二年，在洪洞縣有一個名叫張豐的農民，因為家貧，妻子死後不得不找本村財主王安福借了五兩紋銀的「高利貸」作為安葬費。沒想到三年以後，這五兩銀子利滾利變成了十八兩，張豐自然是無力償還。

突然有一天，王安福帶著一群人來張豐家討債，見讓張豐還錢是寡婦死了兒子——沒子（指）望了，於是，王安福就「很好心」地給張豐出了個「主意」：讓張豐的女兒嫁入他家做兒媳婦。

原來，張豐有個女兒，名叫張妞，雖然衣著寒酸，但模樣兒十分俊俏。而王安福有個二兒子是個傻子，那真的

是「傻得有才」，吃飯不知饑飽，睡覺不知顛倒，整天是灰頭土臉。張豐自然不忍心將女兒往火坑裡推，於是他拒絕了這門親事。

王安福見張豐不答應也並不著急，悻悻而去。過不到兩日，衙門突然來人將張豐父女帶上公堂。原來，洪洞縣縣太爺是王安福的拜把兄弟，他想藉助官府的勢力，強迫張豐就範。升堂那天，洪洞縣縣衙門口聚集了很多「不明真相」的群眾圍觀，大家都想看看縣太爺如何審理此案。

縣太爺裝腔作勢地審問了一番，突然驚堂木一拍，宣判因張豐無力償債，所以必須將女兒嫁給王安福的二兒子為妻，從此人財兩清，互不糾纏。堂下群眾一片譁然，而張豐自然是不肯服判，卻又無可奈何，只得死死地護住女兒。

王安福使了個眼色，周圍的手下立即上前搶人，在公

●陳卜救貧女

零基礎學正宗陳氏太極拳

堂之上公然對張豐拳打腳踢，圍觀群眾譁然但沒有人敢上前幫忙。眼看張豐父女就要落入奸人之手，此時突然傳來一聲大喝：「放開他們！」只見一人分開眾人，闖進公堂。這人身高六尺有餘，怒目圓睜，身上的肌肉如鐵打得一般。見到有人膽敢阻止他們的「好事」，衙役們當即抽出刀來，想給那膽大之人一點教訓。可是轉眼間，眾人還沒看明白那位壯士用的是什麼武功，周圍的衙役就已經全部躺在地上哀號了。

縣太爺畢竟是見過世面的人，壯著膽子問那壯士想如何，只見那壯士拱手一笑道：「明人不做暗事，俺叫陳卜，欠債還錢，天經地義，不知道這筆錢可否由我來償還？」堂下眾人一聽這人就是陳卜，不禁歡呼起來。

大家早就聽說過陳卜，其人不僅武功高強，而且為人和善，雖然遷來洪洞縣不久，卻好打抱不平，扶弱抑強，

●陳家溝壁畫記錄祖輩們的故事

做了不少善事。見此情景，縣太爺暗忖：來者不善，如若按王安福的想法硬逼張豐就範，此人手段厲害，勢必不會甘休，況且陳卜的話句句在理。事已至此，也只好依其所言，也顯得為官公正為民。

陳卜從朋友手裡湊齊十八兩銀子，丟在王安福面前，拉起張豐父女一起離開了縣衙大門。圍觀百姓無不拍手稱快。

陳卜大鬧縣衙，解救了張豐父女，縣太爺一直懷恨在心。不久，恰好朝廷下旨要求移民，縣太爺便急忙將陳卜圈入了遷民之列。也正因為陳卜被移民，才有了後來的陳家溝，才有了更多的關於陳氏家族的傳奇故事，才有了現在流傳於世界的陳氏太極拳。正所謂：「塞翁失馬，焉知非福也。」

（二）陳恂如：夜破匪幫智當先

自九世祖陳王廷創編太極拳後，陳氏家族拳風日盛，歷久不衰。十一世祖恂如、申如是一對孿生兄弟，在十世祖陳所樂的傳授下，深得太極的精義要旨，人稱「大天神、二天神」。

在陳家溝東面4公里的北平皋村，有個大財主叫王遜，據說當年他們家有5間樓房，登樓可望數十里，遠近聞名。王家的金銀財寶都藏在這樓裡，為防土匪盜賊，王家的大門都裹著鐵皮，院內還設有陷阱。

康熙年間，一夥土匪闖入北平皋，自稱「山東響馬由晉返魯，便道而來，欲向王遜借數色古玩珍品，以備欣

賞」。王自知不敵，一面把土匪請進家中款待，一面秘使
人赴陳家溝請十世祖解救。

當時，十世祖外出未歸，而年僅15歲的陳恂如、陳申
如兩兄弟初生牛犢不怕虎，慨然應允。

當夜，二兄弟每人手持一根白蠟杆趁著夜色潛入王
家，正好看到那幫惡徒在那裡酗酒。二人飛身入室，揮動
白蠟杆，直刺橫掃，左崩右劈。一頓亂打之後，兄弟二人
相視一下心領神會，然後打滅燈光，飛身屋外，把守在門
口。

眾強盜酒至正酣，突然殺入兩個「小鬼」，殺得他們
措手不及，只好慌忙應戰。黑暗中也分不清敵我，持刀亂
砍，自相殘殺，一時間慘叫聲不斷。陳恂如、陳申如兩兄
弟躲在門外警辨動靜，跑出來一個，手起棍落，立仆於
地。不多時，屋中的聲音漸漸小了。

後來當地藝人將這段故事編成戲劇，取名「雙英破
敵」，一直傳唱至今。

（三）陳公兆：耄耋老人鬥瘋牛

清朝乾隆年間的一個中秋節，乾隆皇帝為了慶賀太平
盛世，宣導敬老之風，下詔書請全國80歲以上、德才兼
備、兒孫滿堂的老人到紫禁城的太和殿參加「千叟宴」。
陳家溝85歲的陳善老人和88歲的陳毓英老人有幸被欽點
參加。

「千叟宴」後，兩位老人離京返鄉，河南巡撫和懷慶
知府親自迎送，並一路護送到陳家溝，還為他們舉行了掛

●陳耄耋人鬥「瘋」牛

匾儀式。這在陳家溝可算是件史無前例的大事，全村上下比過年都高興。大家紛紛拿出家中珍藏的美酒、可口的菜餚，來舉行慶祝儀式，並燃放煙花助興。不曾想，在放鞭炮時，一個年輕人在無意中將一顆炮仗扔到了正在村邊吃草的公牛身上。

「砰」的一聲巨響，牛被炸驚了，發瘋似的向陳家祖廟廣場沖去。人們見勢不好，紛紛拿起傢伙向牛打去。這樣一來，牛就驚得更加厲害了，挺著利劍一般的牛角胡亂衝撞。眼見著那頭瘋狂的公牛急速衝向巡撫和知府落座的方向，人們嚇得不知所措，只能傻傻地看著。

在這千鈞一髮的時刻，只見一位老人挺身而出，三步並作兩步衝到前面，站了個騎馬蹲襠式護住兩位官員。這時瘋牛閃電般地衝來，老人手疾眼快，兩手迅速地抓住牛肋骨，大喝一聲，猛然發力，把瘋牛掀翻在地。

兩位官員得救，連稱此老人「真乃神人也」。

這位力鬥瘋牛的老人正是陳氏十三世祖陳公兆，當時他已經是80高齡。

至今，陳家溝依然流傳著他的《養生歌訣》：

三十年不停拳（堅持鍛鍊），

三十年不飽飯（不暴飲暴食），

三十年獨自樂（樂觀、豁達），

三十年獨自眠（節慾）。

第二節 陳氏太極拳傳承表

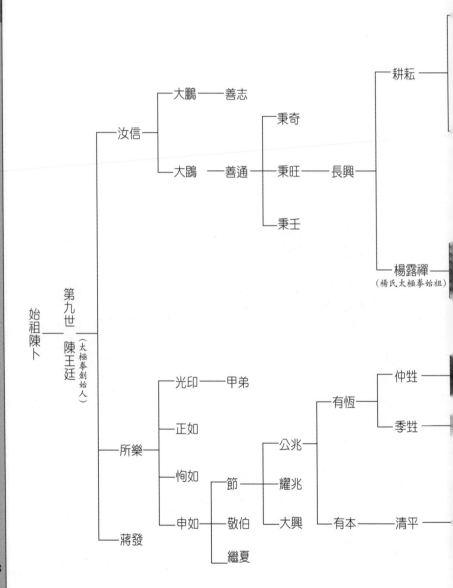

始祖陳卜 ── 第九世 陳王廷（太極拳創始人）

汝信
- 大鵬 ── 善志
- 大鵾 ── 善通
  - 秉奇
  - 秉旺 ── 長興
    - 耕耘
    - 楊露禪（楊氏太極拳始祖）
  - 秉壬

所樂
- 光印 ── 甲弟
- 正如
- 恂如
- 申如
  - 節 ── 耀兆
  - 敬伯
  - 繼夏
- 公兆 ── 耀兆
  - 大興
  - 有恆
    - 仲牲
    - 季牲
  - 有本 ── 清平

蔣發

188

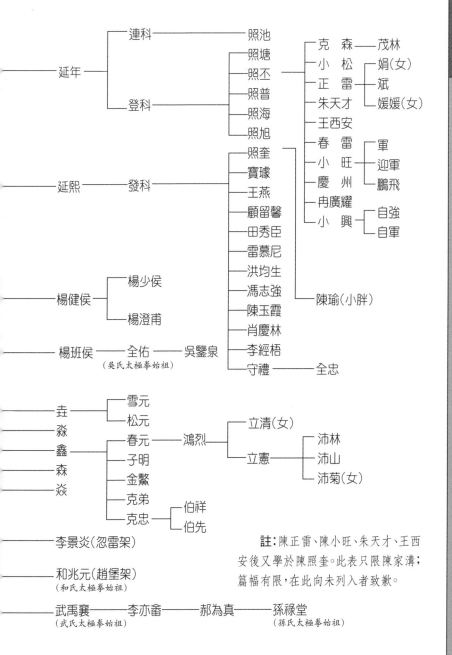

延年 ─┬─ 連科 ──── 照池
       │
       └─ 登科 ─┬─ 照塘
                ├─ 照丕 ─┬─ 克　森 ── 茂林
                ├─ 照普 ├─ 小　松 ─┬─ 娟（女）
                ├─ 照海 ├─ 正　雷 ├─ 斌
                └─ 照旭 ├─ 朱天才 └─ 媛媛（女）
                        ├─ 王西安
延熙 ── 發科 ─┬─ 照奎 ─┬─ 春　雷 ─┬─ 軍
             ├─ 寶璩 ├─ 小　旺 ├─ 迎軍
             ├─ 王燕 ├─ 慶　州 └─ 鵬飛
             ├─ 顧留馨 ├─ 冉廣耀
             ├─ 田秀臣 └─ 小　興 ─┬─ 自強
             ├─ 雷慕尼   └─ 自軍
             ├─ 洪均生
楊健侯 ─┬─ 楊少侯 ├─ 馮志強
        │   └─ 陳瑜（小胖）
        └─ 楊澄甫 ├─ 陳玉霞
                 ├─ 肖慶林
楊班侯 ── 全佑 ── 吳鑒泉 ├─ 李經梧
         （吳氏太極拳始祖） └─ 守禮 ──── 全忠

垚 ─┬─ 雪元
淼 ├─ 松元
鑫 ├─ 春元 ── 鴻烈 ─┬─ 立清（女）
森 ├─ 子明   └─ 立憲 ─┬─ 沛林
焱 ├─ 金鰲   ├─ 沛山
  ├─ 克弟   └─ 沛菊（女）
  └─ 克忠 ─┬─ 伯祥
           └─ 伯先

李景炎（忽雷架）

和兆元（趙堡架）
（和氏太極拳始祖）

武禹襄 ──── 李亦畬 ──── 郝為真 ──── 孫祿堂
（武氏太極拳始祖）   （孫氏太極拳始祖）

註：陳正雷、陳小旺、朱天才、王西
安後又學於陳照奎。此表只限陳家溝；
篇幅有限，在此向未列入者致歉。

太極武術教學光碟

 太極功夫扇
五十二式太極扇
演示：李德印 等
(2VCD)中國

 夕陽美太極功夫扇
五十六式太極扇
演示：李德印 等
(2VCD)中國

陳氏太極拳及其技擊法
演示：馬虹(10VCD)中國
陳氏太極拳勁道釋秘
拆拳講勁
演示：馬虹(8DVD)中國
推手技巧及功力訓練
演示：馬虹(4VCD)中國

陳氏太極拳新架一路
演示：陳正雷(1DVD)中國
陳氏太極拳新架二路
演示：陳正雷(1DVD)中國
陳氏太極拳老架一路
演示：陳正雷(1DVD)中國

陳氏太極拳老架二路
演示：陳正雷(1DVD)中國
陳氏太極推手
演示：陳正雷(1DVD)中國
陳氏太極單刀・雙刀
演示：陳正雷(1DVD)中國

 **郭林新氣功**
(8DVD)中國

本公司還有其他武術光碟
歡迎來電詢問或至網站查詢
電話：02-28236031
網址：www.dah-jaan.com.tw

原版教學光碟

歡迎至本公司購買書籍

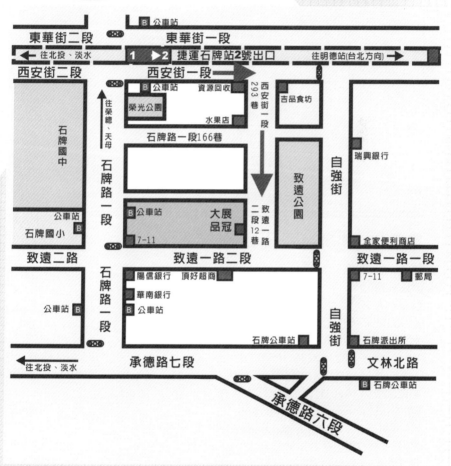

建議路線

1.搭乘捷運‧公車

　　淡水線石牌站下車,由石牌捷運站2號出口出站(出站後靠右邊),沿著捷運高架往台北方向走(往明德站方向),其街名為西安街,約走100公尺(勿超過紅綠燈),由西安街一段293巷進來(巷口有一公車站牌,站名為自強街口),本公司位於致遠公園對面。搭公車者請於石牌站(石牌派出所)下車,走進自強街,遇致遠路口左轉,右手邊第一條巷子即為本社位置。

2.自行開車或騎車

　　由承德路接石牌路,看到陽信銀行右轉,此條即為致遠一路二段,在遇到自強街(紅綠燈)前的巷子(致遠公園)左轉,即可看到本公司招牌。

國家圖書館出版品預行編目資料

零基礎學正宗陳氏太極拳 ／ 陳斌　著
——初版，——臺北市，大展，2017〔民106 . 02〕
面；21公分 ——（陳式太極拳；7）
ISBN 978－986－346－148－7（平裝附數位影音光碟）
1. 太極拳
528 . 972　　　　　　　　　　　　　　105023593

零基礎學正宗陳氏太極拳 附 DVD

著　　者／陳　　斌
責任編輯／郭　瑩　靈智
發 行 人／蔡 森 明
出 版 者／大展出版社有限公司
社　　址／台北市北投區（石牌）致遠一路2段12巷1號
電　　話／（02）28236031・28236033・28233123
傳　　眞／（02）28272069
郵政劃撥／01669551
網　　址／www.dah-jaan.com.tw
E - mail ／service@dah-jaan.com.tw
登 記 證／局版臺業字第2171號
承 印 者／傳興印刷有限公司
裝　　訂／眾友企業公司
排 版 者／弘益電腦排版有限公司
授 權 者／遼寧科學技術出版社
初版1刷／2017年（民106年）2月

定　價／350元

大展好書　好書大展
品嘗好書　冠群可期